Su Dinero:

La guía bíblica para devengar, ahorrar, gastar, invertir, dar.

¿Frustracion o *Libertad?*

HOWARD L. DAYTON, JR.

EDITORIAL UNILIT

Publicado por
Editorial **Unilit**
Miami, Fl. U.S.A.
© 1994 Derechos reservados

Primera edición 1994

© 1979 por Howard L. Dayton, Jr.

Originalmente publicado en inglés con el título:
Your Money: Frustration or Freedom?
por Tyndale House Publishers, Inc.
Wheaton, Illinois.

Traducido al español por: Nellyda Pablovsky

Citas bíblicas tomadas de Reina Valera, (RV) revisión 1960
© Sociedades Bíblicas Unidas.
Otras citas marcadas (BLA) "Biblia de las Américas"
© 1986 The Lockman Foundation.
Usadas con permiso.

Producto: 498576
ISBN 1-56063-946-6
Impreso en Colombia

Printed in Colombia

CONTENIDO

DEDICATORIA

Para Bev,
mi esposa,
don elegido por Dios
para nuestra familia

Para Matthew,
mi amado hijo

Para Jim Seneff,
por su visión y esfuerzo,
sin los cuales
este libro jamás
habría sido concebido

Para Will Norton, Jr.
por su habilidad
y entusiasmo,
sin los cuales,
este libro nunca
hubiera salido a la luz.

UNO
EL PROBLEMA

Cuando era joven creía que el dinero era lo más importante en la vida; ahora que soy viejo, sé que lo es.

Oscar Wilde

Allen y Jean Hitchcock decidieron terminar su matrimonio después de veinticuatro años de casados.

Anticipándose a los arreglos del divorcio, él empezó a revisar la carpeta de las cuentas pagadas y, mientras ordenaba los archivos, encontró un recibo, viejo y desteñido, del hotel donde habían pasado su luna de miel. Otro era de una cuota del primer automóvil que tuvieron. Encontró uno más que le hizo recordar el paternal orgullo con que había girado el cheque al hospital donde había nacido su hija. Después, halló el de $1.500 del pago anticipado de la primera casa.

Luego de pasar varias horas ordenando los papeles, comprendió cuánto él y su esposa habían invertido en el matrimonio. Se detuvo durante varios minutos, sumido en sus pensamientos, cerró el archivo y marcó el número de teléfono de su esposa a la que, tras un torpe comienzo, dijo la razón de su llamada. ¿Quería ella colaborar con él para volver a levantar su matrimonio?

Aunque algunos ignoremos lo que significa pasar por una crisis como ésa, el mensaje de las cuentas pagadas de la familia es común, pues representa la historia de nuestra vida.

Expone nuestro valores, cuánto ahorramos, cuánto gastamos, a quién damos; efectivamente, los talonarios de cheques y los recibos nos dicen más de nuestras prioridades que cualquier otra cosa.

Por eso Jesús habló tanto sobre el dinero. Dieciséis de Sus treinta y ocho parábolas se refieren a la manera de manejar el dinero y a las propiedades. Howard Hendricks ha dicho que "Sin duda alguna, Jesús dijo más sobre el dinero que [sobre] el cielo y el infierno juntos". Sorprende saber que uno de cada diez versículos de los Evangelios (288 en total) trata directamente el tema del dinero. La Biblia ofrece quinientos versículos sobre la oración, menos de quinientos sobre la fe, pero más de dos mil sobre el dinero y el patrimonio en general.

El Señor debe haberse dado cuenta de que administrar el dinero y el patrimonio iba a constituir todo un problema para la mayoría de la gente. Dijo mucho al respecto porque quiere que conozcamos Su perspectiva de este crítico aspecto de la vida.

Evidentemente, Jesús otorgó importancia al dinero y al patrimonio, en general. El trató asuntos de dinero porque el dinero es importante.

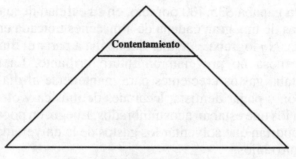

La pirámide del contentamiento

DOS
LA RESPUESTA

La Biblia es la guía de vida

El teléfono sonó en mi escritorio mientras yo guardaba papeles e informes en mi portafolio. Era tarde ya y me preparaba para irme a casa luego de un largo día de papeleos y conferencias personales. Estaba cansado y molesto.

De mala gana contesté:

"Hola, Howard; habla Allen Hitchcock".

Sentí una punzada de vergüenza, pues me había descuidado y no le había devuelto su llamada más temprano. El parecía deprimido e intenté una tímida disculpa por no haberlo vuelto a llamar.

"Jean y yo estábamos pensando divorciarnos pero decidimos probar de nuevo", dijo con una voz que sonaba muy tensa.

Los problemas financieros de esa pareja estaban por terminar con ese matrimonio. Acudieron a mí pues nos habíamos conocido en la iglesia, hacía ya dos años, cuando ellos habían venido de St. Louis, donde vivieron antes.

Su dinero: ¿Frustración o libertad?

Allen ganaba $35.400 por año, en su calidad de agente de compras de una gran cadena de almacenes ubicada en el sur del país. No lograba entender dónde iba a parar el dinero. El y su esposa no preveían un futuro brillante. La familia enfrentaba gastos crecientes para mantenerse al día con la inflación y pagar dentista, lecciones de música y otros artículos a los que estaban acostumbrados. Luego, en pocos años más, tendrían que solventar los gastos de la universidad para sus cuatro hijos.

Además, debían casi $12.000 en total a tiendas, médicos, compañías de tarjetas de crédito, financieras. Pero eso no era todo, porque aún quedaba la deuda hipotecaria de su casa que ascendía a $75.200.

Los Hitchcok eran cuidadosos para comprar, buscando siempre el mejor precio, a veces hasta en seis tiendas, dado el nivel de su endeudamiento y del crecimiento de sus gastos diarios. Compraban mercadería de la mejor calidad ahorrando cupones por centavos para los supermercados. Allen hacía la mayor parte de las reparaciones del automóvil y ella evitaba comprar alimentos caros, a fin de ahorrar más todavía.

De todos modos, esta familia enfrentaba un crítico problema. Jean y Allen nunca habían podido presupuestar sus gastos. Rara vez decidían no comprar lo que querían. Sencillamente, carecían de una guía clara para manejar su dinero y patrimonio.

Entendí sus frustraciones. Varios años antes, un amigo, Jim Seneff y yo nos vimos en la necesidad de tomar decisiones financieras a diario sin contar con el punto de referencia de la Biblia para nuestros negocios y familias en expansión.

Nos habían enseñado mucho sobre lo que dice la Biblia respecto a compartir y dar, pero nada sobre cómo manejar el resto del dinero que nos queda. Nos pareció entonces que, para ser los mejores maridos y hombres de negocios, de acuerdo a las posibilidades de cada uno, teníamos que estudiar concienzudamente lo que decía la Biblia sobre el dinero.

Nos leímos, juntos, toda la Biblia, ubicando cada versículo que se refiriera al dinero y los dispusimos por tópicos. Compartimos esto con varios amigos íntimos. La entusiasta respuesta nos animó para dar un formato más comunicable a esta información y compartirla con nuestra iglesia. El entusiasmo de ellos fue sorprendente. Literalmente, nos bombardearon con preguntas contándonos diversas clases de intensa frustración. Paulatinamente, esto se transformó en un estudio para pequeños grupos que hoy se realiza en varias iglesias del país.

Queda claro que los Hitchcock no son un caso aislado a juzgar por los comentarios de quienes han participado en este estudio. Sin duda alguna, los apuros financieros como los de esa familia no se limitan a los Estados Unidos de Norteamérica sino que constituyen un problema mundial.

PROBLEMAS ECONOMICOS MUNDIALES

En la última década han ocurrido grandes cambios en la economía mundial —cambios que podrían llevar a una desintegración global de la economía. Los temblores que empezaron en los 70 han conducido a seísmos mayores en los 80 y amenazan con una erupción en los 90.

Muchos respetados expertos de la fraternidad económica se basan en las condiciones sin precedentes que existen para predecir el caos financiero de todo el mundo. Se publica, casi mensualmente, un libro nuevo sobre la inminente "depresión", "colapso", "quiebra". Con toda franqueza, dada la dirección que lleva la economía mundial, no cuesta entender por qué tantos profesionales pintan un cuadro tan sombrío.

La década pasada ha sido traumática desde el punto de vista económico. Persiste en muchos países una pertinaz inflación, crece la montaña del endeudamiento y el alto desempleo, particularmente en los países más pobres. Estos problemas se complican más porque cada mes el índice de crecimiento de la población mundial es mayor que la totalidad de la población de una ciudad grande como Chicago.

PROBLEMAS ECONOMICOS NORTEAMERICANOS

Sin ir más lejos, Norteamérica también tiene problemas importantes sin resolver. El Tesoro norteamericano sigue amontonando un tremendo déficit sobre otro y ni siquiera se divisa el final del flujo de tinta roja. Efectivamente, el solo interés de la deuda norteamericana excede todo el presupuesto de ese país para 1992.

La deuda federal actual se aproxima a los tres billones de dólares. Para entender esta cifra, supóngase que pone los billetes de dólar uno a continuación de otro, en fila india, y los apunta hacia el sol... ¡pues, lo pasarían casi en 500 kilómetros!

Además, muchas de las industrias básicas norteamericanas están perdiendo los negocios que tuvieron dada la agresiva competencia extranjera. Esto ha contribuido al enorme déficit del intercambio de este país con otros. Asombroso, pero apenas en cuatro años los Estados Unidos de Norteamérica pasó de ser el acreedor más grande del mundo a la posición del deudor más grande del mundo.

Los expertos también advierten sobre la grave inestabilidad del sistema bancario norteamericano y la inadecuación de los organismos gubernamentales establecidos para asegurarlos.

Constituyen también amenazas posibles para la economía norteamericana otros problemas, como la creciente dependencia del petróleo de las naciones árabes que lo exportan, la preferencia nacional por consumir en lugar de ahorrar y la persistente inflación.

LA FAMILIA

La Secretaría de Trabajo de los Estados Unidos de Norteamérica informa que, pese al aumento de sueldos y salarios, la familia promedio compuesta por cuatro personas, *pierde*, efectivamente, poder adquisitivo desde hace 20 años debido a la inflación y los impuestos más altos.

Una encuesta reciente, hecha por el *New York Times* y el noticiero CBS, señala que 72% de los norteamericanos han efectuado ciertos cambios en sus estilos de vida para tratar de manejar esta situación.

Los cambios han sido dolorosos, como reflexionaba un gerente de comunicaciones que vive en Chicago: "No creo que la gente que gana lo mismo que yo, se haya preocupado tanto antes como ahora". Encararse con la inflación produce enorme tensión emocional; así, una pareja describía sus sentimientos como "un estado constante de ansiedad" y la esposa agregó: "Tenemos un sentimiento de desesperación".

Los problemas que enfrenta la familia norteamericana de hoy parecen insuperables, pues, por primera vez, están sintiendo que no pueden disfrutar la "buena vida". Por ejemplo, veamos la vivienda.

La casa promedio cuesta casi $100.000. Es evidente que la casa para la familia sola se vuelve inalcanzable para millones de familias de ingresos medios que, tradicionalmente, consideraban que la casa era parte de los derechos de nacimiento de los norteamericanos. Los expertos en materia de vivienda predicen que irán disminuyendo, significativamente, los norteamericanos capaces de comprar casa en el futuro.

La pérdida del poder adquisitivo que causa la inflación es contrarrestada de otras maneras por este pueblo que no quiere reducir su nivel de vida.

La forma más común ha sido que la gente gaste más de lo que gana, endeudándose para compensar la diferencia. En efecto, la familia norteamericana promedio gasta $400 más al año de lo que gana. La deuda aumenta a más de $1.000 por segundo en los Estados Unidos de Norteamérica.

Estos datos estadísticos indican que la familia norteamericana se enfrenta a una crisis financiera sin precedentes. Una encuesta reciente mostró que más del 50% de todos los divorcios se debe a las presiones financieras domésticas. El mejor voto matrimonial hubiera sido, en opinión de muchos: "¡Hasta que las deudas nos separen!"

LA RESPUESTA

Los norteamericanos comienzan a preguntarse dónde recurrir para que los ayuden. Hay dos alternativas básicas: la sociedad y la Biblia. Históricamente, la sociedad norteamericana, en nuestra economía rural, enseñaba a la gente a trabajar fuerte, desarrollar destrezas, ser económica, evitar endeudarse y ahorrar. Muchas de estas costumbres procedían de la Biblia. Sin embargo, en las últimas décadas ha presenciado el dramático cambio de los valores y costumbres de la cultura norteamericana en lo tocante a manejar el dinero. Las respuestas de la sociedad actual contrastan agudamente con la Biblia. Al final de cada capítulo he puesto una breve comparación bajo el título de "Contraste" para ayudar al lector a reconocer las contradicciones que, en ninguna otra parte, se vuelven más evidentes que en la perspectiva referida a la relación del dinero con nuestras metas personales. Los psicólogos nos dicen que la paz y prosperidad personales constituyen la meta de la mayoría de la gente. El pensamiento moderno asocia el logro de esta meta con la cuantía de lo que hemos adquirido. Se supone que podemos sentirnos en paz y realizados como personas solamente cuando hemos acumulado suficientes bienes para satisfacer nuestro particular estilo de vida.pero esa perspectiva del dinero está en contra de la Biblia que enseña que podemos aprender a estar contentos en toda circunstancia —en la pobreza como en la riqueza.

No lo digo porque tenga escasez, pues he aprendido a contentarme, cualquiera que sea mi situación. Sé vivir humildemente, y sé tener abundancia; en todo y por todo estoy enseñado, así para estar saciado como para tener hambre, así para tener abundancia como para padecer necesidad.

Filipenses 4:11-12

El propósito de este libro es enseñarle los principios bíblicos para manejar el dinero y el patrimonio. El libro está diseñado para entregarle maneras prácticas de integrar estos principios a su vida. Obtendrá el contentamiento como resultado, a medida que aprenda los principios y los ponga en práctica.

Cada capítulo del libro se refiere a un principio específico. Para ayudarle a que comprenda cómo contribuye al contentamiento cada principio, usaré como guía una pirámide. El contentamiento está en la cima de la pirámide. Cada capítulo será como un ladrillo de la pirámide que lleva a ese punto. Cuando haya completado todos los capítulos, poniendo cada ladrillo en su lugar, sabrá cómo vivir el secreto del contentamiento, para el cual quedará equipado. Use el desarrollo de la pirámide a través de todo el libro para ordenar su propia vida financiera.

CONTRASTE

La sociedad dice: "Encontrará la felicidad y la paz a medida que acumule bastante riqueza para financiar el nivel de vida deseado".

La Biblia dice: "A medida que aprenda y siga los principios bíblicos para manejar su dinero y patrimonio puede estar contento en toda circunstancia".

La pirámide del contentamiento

TRES
LA PARTE DE DIOS: EL FUNDAMENTO

Tuya es, oh Jehová, la magnificencia y el poder, la gloria, la victoria y el honor; porque todas las cosas que están en los cielos y en la tierra son tuyas. Tuyo, oh Jehová, es el reino, y tú eres excelso sobre todos. Las riquezas y la gloria proceden de ti, y tú dominas sobre todo; en tu mano está la fuerza y el poder, y en tu mano el hacer grande y el dar poder a todos.

Rey David, 1 Crónicas 29:11-12

Una lluviosa mañana invernal llegaron los Hitchcock a mi oficina para resolver sus problemas financieros y salvar su matrimonio. Ellos eran cristianos pero nunca habían sido expuestos a la perspectiva bíblica del dinero y las posesiones. Apreciaban su preciosa casa de ladrillos, de dos pisos, ubicada en un suburbio de la ciudad sureña, sus dos automóviles de último modelo y todas las otras cosas que tenían. Ambos sentían que habían trabajado mucho para obtener lo que tenían y que se habían ganado el derecho a disfrutar su "paz y prosperidad".

Sin embargo, la falta de paz surgió a la superficie en forma de crisis conyugal después que las presiones financieras amenazaron su prosperidad. El se dio cuenta de que había una seria falta de comunicación acerca de las finanzas de la familia y que él y su esposa, tenían sus propios proyectos y opiniones acerca de la manera de gastar el ingreso familiar, pero, de cualquier manera, nunca se los habían comunicado mutuamente.

Sin saber cómo, estaban cerca de perder todo lo que tenían en manos de los acreedores y esto, junto con la posibilidad de divorciarse, los había sacado de su complacencia. Así que cuando me senté con ellos en esa mañana siguiente al día de Acción de Gracias, tenían todo su interés puesto en aprender qué dice la Biblia acerca del dinero.

La Escritura enseña que hay dos partes muy distintas en cuanto al manejo de nuestro dinero y nuestros bienes: la parte de Dios y la nuestra. Creo que la mayor parte de la confusión referida al manejo del dinero surge del hecho que estas dos partes no son claramente entendidas.

La Biblia declara que el fundamento del contentamiento es la parte que el Dios vivo desempeña en nuestras finanzas. Examinemos qué dice la Biblia acerca de la parte de Dios en tres aspectos fundamentales: propiedad, control y provisión.

PROPIEDAD

La Biblia establece con plena claridad que Dios es el único propietario de todo.

De Jehová es la tierra y su plenitud; el mundo, y los que en él habitan. Porque él la fundó sobre los mares, y la afirmó sobre los ríos.

Salmo 24:1-2

Porque todas las cosas que están en los cielos y en la tierra son tuyas. Tuyo, oh Jehová, es el reino.

1 Crónicas 29:11

La parte de Dios: El fundamento

Dios deja muy claro que él creó el mundo, del cual es dueño. La Biblia nos recuerda repetidamente esto e incluso enumera las cosas específicas que pertenecen a Dios. Por ejemplo, El es el dueño de la tierra (Levítico 25:23), de todos los animales que hay en la tierra (Salmo 50:10) y de toda la plata y del oro (Hageo 2:8).

Usted debe reconocer que Dios es el propietario de todo sus bienes para aprender a estar contento. Si usted cree ser dueño, aunque sea de uno solo de sus bienes, entonces las circunstancias que afecten a esa propiedad se reflejarán en su actitud. Si pasa algo favorable a la misma usted se alegra, pero si algo malo le ocurre, se entristece o le causa descontento.

Veamos un ejemplo. Después que Jim Seneff pasó por la experiencia de traspasar a Dios la propiedad de todos sus bienes se compró un automóvil para sustituir el que usaba. Cuando apenas hacía dos días que lo tenía, una joven lo chocó por el costado. La primera reacción de Jim fue: "Bueno, Señor, no sé por qué quieres que el costado de tu automóvil nuevo esté abollado pero ¡helo ahí!" En forma similar, cuando John Wesley supo que su casa se había incendiado por completo, exclamó: "¡Se quemó la casa del Señor. Una responsabilidad menos para mí!"

No es fácil sostener esa perspectiva constantemente, pues nos resulta fácil pensar que las cosas que tenemos y el dinero que ganamos son, por completo, el resultado de "nuestras" habilidades y logros, y que tenemos ganado el derecho a poseerlas. El humanista afirma ser el dueño de su destino y que él solo es el dueño de lo que tiene. Este enfoque de la propiedad obviamente es la herencia que recibimos de nuestra cultura.

Harvey Calkins escribió en 1914 un libro llamado *Elements of Stewardship* [Mayordomía elemental] donde comparaba, por contraste, el legado que recibimos de la sociedad con lo que enseña la Biblia.

"No ha habido sino solamente una nación cuyo concepto de propiedad se fundamentó en la propiedad del Dios personal;

esa nación fue Israel. Todas las demás que conocemos: egipcios, griegos, romanos, basaban su filosofía de la propiedad y sus correspondientes leyes fundamentalmente en el concepto de la propiedad individual.

»¿De dónde recibimos nuestras normas de propiedad? Arraigan en la ley del imperio romano. La filosofía de la vida romana, cristalizada en el derecho romano y mediante éste, normada para la civilización cristiana, no se fundamentó en la 'ley de Dios —propiedad de Dios' sino que se basó en las 'leyes del hombre— propiedad del hombre'.

»El hombre promedio sigue atrapado por un falso concepto de la propiedad a menos que haya encontrado la salida correcta y se haya liberado de las tradiciones heredadas. Su instinto cristiano está enredado en la creencia honesta de que él es el dueño de lo que meramente le ha sido dado que tenga. Toda la historia y cultura del hombre le impele a creer que él es el dueño de su propiedad".

Uno de los momentos más traumáticos vividos en nuestro matrimonio fue la grave enfermedad de nuestro hijo cuando apenas tenía seis meses de edad; el bebé se enrojeció como la grana mientras que su fiebre pasaba los cuarenta grados.

Lo llevamos rápidamente al hospital y mientras el médico realizaba exámenes para confirmar o rechazar su presunto diagnóstico de meningitis espinal, nosotros lloramos por nuestro bien más querido: nuestro único hijo.

Sólo cuando comprendimos que nuestro Padre celestial ama a nuestro niño más que nosotros, fue entonces que pudimos confiar lo suficiente como para entregarlo en manos de Dios. Cuando el niño se recuperó, agradecimos su salud y lección recibida en materia de derechos de propiedad.

No es fácil renunciar a la propiedad ni tampoco es una transacción que se realiza una vez en la vida, pues nos tienen que recordar constantemente que Dios es el dueño de todo lo que tenemos.

CONTROL

El Antiguo Testamento confiere especial atención al hecho que Dios está controlando las circunstancias. Examinemos algunos de los 272 nombres que la Escritura otorga a Dios: Amo, Todopoderoso, Creador, Pastor, Señor de señores, Rey de reyes. Resulta obvio quién está controlando todo lo que existe.

Tuya es, oh Jehová, la magnificencia y el poder, la gloria, la victoria y el honor; porque todas las cosas que están en los cielos y en la tierra son tuyas. Tuyo, oh Jehová, es el reino, y tú eres excelso sobre todos. Las riquezas y la gloria proceden de ti, y tú dominas sobre todo; en tu mano está la fuerza y el poder, y en tu mano el hacer grande y el dar poder a todos.

1 Crónicas 29:11-12

Daniel proclama esto en su oración de alabanza luego que Dios le revela el sueño del rey Nabucodonosor.

Sea bendito el nombre de Dios de siglos en siglos, porque suyos son el poder y la sabiduría. El muda los tiempos y las edades; quita reyes, y pone reyes; da la sabiduría a los sabios, y la ciencia a los entendidos.

Daniel 2:20-21

Ese es todo un criterio para un adolescente de dieciocho años. Este reconocimiento del control soberano de Dios sobre todas las circunstancias continuó con Daniel mientras vivió. Al irse aproximando a los ochenta y cinco años, fue condenado al foso de los leones —aunque era inocente ante los hombres y Dios. Daniel supo estar contento pese a la situación difícil en que se hallaba.

Describe esta situación en el libro de su nombre. El no pensó en la terrible circunstancia de hallarse en el foso de los fieros leones, sino que se concentró en el rey Darío, que parecía tener todo lo que un hombre puede pedir. El vivía en el magnífico palacio de Babilonia —una de las siete maravillas del mundo antiguo. Su palabra era la ley por su calidad de rey. Tenía toda la riqueza del reino a su disposición. Sin embargo, no estaba contento: "Luego el rey se fue a su palacio, y se acostó ayuno; ni instrumentos de música fueron traídos delante de él, y se le fue el sueño" Daniel 6:18.

No podía ser más claro el contraste entre estos dos hombres: Daniel en terribles circunstancias, pero contento; Darío en las circunstancias ideales, pero descontento.

La diferencia en la actitud de estos dos hombres era que Daniel reconocía que Dios estaba a cargo del control absoluto de todas las circunstancias, sin que importara cuán imposible pareciera la solución. Darío, no.

El mensaje es evidente. Usted puede sentir contentamiento solamente cuando reconozca que Dios está a cargo del control de todas las circunstancias que le rodean. Esto es difícil en extremas circunstancias y aun más difícil en situaciones triviales que nos fastidian a diario.

Por ejemplo, tengo dos opciones cuando me encuentro detenido en el tránsito de la mañana camino a la oficina: alterarme y enojarme por lo molesto de desperdiciar "mi tiempo"; o bien, puede darme cuenta de que Dios controla el tiempo y que ha permitido intencionadamente que me detenga en ese tránsito.

Dios es el Creador y Controlador del universo pero también interviene íntimamente en nuestra vida. Sus promesas de proveer son las que mejor muestran este hecho.

PROVISION

Dios es llamado "Jehová—Jireh", en Génesis 22:14, que significa "El Señor proveerá". El se encarga de cuidar a Su pueblo sin necesitar una economía floreciente para abastecerlos.

Porque todas estas cosas buscan las gentes del mundo; pero vuestro Padre sabe que tenéis necesidad de estas cosas. Mas buscad el reino de Dios, y todas estas cosas os serán añadidas.

Lucas 12:30-31

El Señor ha prometido suplir nuestras necesidades. El nos dice cuáles son nuestras necesidades en 1 Timoteo 6:8: sustento y abrigo. Es decir, hay una diferencia entre necesidades y deseos. La necesidad se refiere a la carencia o merma de algo básico para vivir como: la comida, la ropa o la vivienda. El deseo es algo más que la necesidad; por ejemplo, querer comer carne, tener un automóvil nuevo y la ropa a la última moda.

El Señor ha prometido suplir nuestras necesidades, pero no ha prometido satisfacer nuestros deseos. Esto es el corazón del contentamiento: por un lado, el Señor promete suplir nuestras necesidades y, por el otro, nos dice que estemos contentos cuando estas necesidades son satisfechas. "Así que, teniendo sustento y abrigo, estemos contentos con esto" 1 Timoteo 6:8.

Ilustremos esto con una anécdota: "Se acercaba a su fin la Segunda Guerra Mundial y los ejércitos aliados iban reuniendo muchos huérfanos hambrientos que eran enviados a campamentos donde los alimentaban bien pero dormían mal a pesar de la excelente atención. Los niños se veían nerviosos y asustados.

»Por último, un psicólogo ofreció una solución. Se le dio a cada niño un pedazo de pan para que lo tuviera en sus manos cuando estaba acostado. Si tenía hambre se le daba más comida, pero ese pedazo de pan era sólo para tenerlo apretado en sus manos, no para comerlo.

»El pedazo de pan obró maravillas. Los niños se acostaban sabiendo instintivamente que tendrían comida al día siguiente. Esa garantía les hacía dormir tranquilos y contentos".[1]

El Señor nos ha dado, en forma análoga, Su garantía: nuestro "pedazo de pan". Podemos relajarnos y estar contentos a medida que vamos aferrándonos a Sus promesas de proveernos. "Mi Dios, pues, suplirá todo lo que os falta conforme a Sus riquezas en gloria en Cristo Jesús". (Filipenses 4:19).

Así, pues, aunque usted se halle en medio de un tremendo problema financiero, puede estar contento porque el Señor ha prometido alimentarlo, vestirlo y darle vivienda.

¡Deténgase un momento! Piense cuál es en realidad la parte de Dios: El es el dueño, el Soberano que controla cada circunstancia y ha prometido suplir nuestras necesidades. El Dios que creó el mundo y que lo sostiene es un Dios poderoso capaz de cumplir Sus responsabilidades y promesas. Reflexione un momento en esto.

La parte de Dios es solamente la mitad de la ecuación; la más importante, pero sólo la mitad. Examinaremos la otra mitad, su parte.

CONTRASTE

La sociedad dice: Yo soy el dueño absoluto de todo cuanto poseo y yo solo dirijo mi destino.

La Escritura dice: Dios es el dueño de lo que yo poseo. El es el Dios vivo y soberano que controla todo lo que sucede.

Al final de la mayoría de los capítulos, después del CONTRASTE entre sociedad y Escritura, habrá un COMPROMISO que le dará la oportunidad de practicar el principio bíblico que acabamos de revisar.

Le desafío y exhorto a que haga lo que indica la sección COMPROMISO porque así ayudará a integrar estos principios a su vida.

COMPROMISO

En nuestro pequeño grupo de estudio pasamos por el ejercicio de traspasar al Señor la propiedad de nuestros bienes. Usamos un certificado de renunciamiento para hacerlo porque ese documento suele emplearse para el traspaso de la propiedad.

Cuando los participantes del grupo llenan y firman el certificado, renuncian a ser dueños de "sus bienes" y reconocen que Dios es el dueño de sus propiedades.

La parte de Dios: El fundamento

El ejercicio es importante porque todos olvidamos, en algún momento, que Dios es el dueño de todo y actuamos como si fuéramos los propietarios. Al firmar el certificado de renunciamiento, la persona establece la fecha específica en que ha reconocido que Dios es el dueño. De esta manera, la persona puede volver a mirar el documento para recordar que Dios es el dueño de todo.

Lo que sigue le servirá para llenar el certificado de renunciamiento:

1. Ponga la fecha de hoy.

2. Escriba su nombre completo porque usted traspasa la propiedad.

3. El Señor es el único que recibe los bienes.

4. Considere en oración qué cosas desea reconocer como pertenecientes a Dios y, luego, haga la lista de esos objetos.

5. Firme.

6. Hay un espacio abajo a la derecha para que firmen dos testigos. Estos amigos pueden ayudarle a que usted se mantenga rindiendo cuenta responsable en forma práctica al reconocer que Dios es el dueño de todas las cosas que usted tiene.

CERTIFICADO DE RENUNCIAMIENTO

Este certificado fue hecho en el mes_____
a los_____de 19____

DE:_____

PARA: El Señor

Yo (nosotros) a través de este documento transferimos las siguientes posesiones al Señor:

Los siguientes testigos me(nos)   *Mayordomo(s) de las siguientes*
ayudarán a mantenerme(nos) fiel   *posesiones:*
a este compromiso con el Señor:

_____   _____

_____   _____

No es un documento legal obligatorio y no se puede usar para transferir propiedades.

La pirámide del contentamiento

CUATRO
LA PARTE NUESTRA: BUENO Y FIEL

Y su señor le dijo: "Bien, buen siervo y fiel; sobre poco has sido fiel, sobre mucho te pondré; entra en el gozo de tu señor.

Mateo 25:21

El fiel cumplimiento de nuestros deberes produce contento.

Luego que Allen y Jean terminaron de firmar el título de traspaso de propiedad, él lo deslizó por el escritorio mientras decía:

"Me siento muy aliviado, pero también como si se esperara que haga algo". Tenía toda la razón.

No podemos echarnos atrás, sin hacer algo y esperar que Dios actúe.

Tenemos una responsabilidad, pero, al igual que Allen, puede que no sepamos exactamente cuál es la parte nuestra.

Su dinero: ¿Frustración o libertad?

Para ayudarnos, comparemos algunos de los nombres que Dios se da, con los nombres que Dios da al hombre:

Dios	Hombre
Pastor	Oveja
Padre	Hijos [hijas]
Eterno	Vapor
Creador	Polvo
Vid	Pámpanos
Cabeza	Cuerpo
Amo	Mayordomo

Todos esos apelativos comparan o describen una faceta de la relación de Dios con el hombre. Cuando se trata de asuntos financieros, las palabras *amo* y *mayordomo* son muy precisas al describir la relación de Dios hacia el hombre en una forma que refleja nuestras respectivas responsabilidades.

Dios, el Amo, es el dueño de todo, el controlador de todos los sucesos y nuestro proveedor. La parte del hombre es la de ser mayordomo. La palabra *mayordomo* puede entenderse en tres acepciones diferentes: *administrador, supervisor, e intendente*. La Biblia considera de gran responsabilidad la posición del mayordomo que es la autoridad suprema después de su amo y tiene la plena responsabilidad por todo el patrimonio de su amo, hasta de sus asuntos domésticos y crianza de los niños.A medida que examinamos las Escrituras vamos comprendiendo que Dios, en Su calidad de Amo, ha dado autoridad al hombre para que éste sea mayordomo.

[Dios] Le hiciste [al hombre] señorear sobre las obras de Tus manos.

Salmo 8:6

La parte nuestra: Bueno y fiel

La única responsabilidad del hombre es la de ser fiel.

Ahora bien, se requiere de los administradores, que cada uno sea hallado fiel.

1 Corintios 4:2

Como cristianos se nos ha enseñado mucho acerca del dar, pero muy poco sobre cómo manejar fielmente todo nuestro dinero. Sin embargo, Dios no sólo se interesa por la cantidad que damos sino también por lo que hacemos con todo nuestro ingreso. Se interesa, efectivamente, por todo lo que tenemos. Muchos cristianos sienten que pueden soslayar todas las otras responsabilidades porque dan un pequeño porcentaje, y hacen lo que se les antoja con el resto del dinero.

El punto que realza la Escritura es la manera de manejar fielmente todo lo que Dios nos ha encargado. El mayordomo fiel es responsable por lo que tiene, sea mucho o poco. Puede ser despilfarrador y negligente, sea pobre o rico. En el capítulo 25 del Evangelio de San Mateo, Dios exigió buena mayordomía del hombre que recibió dos talentos así como también del que recibió cinco.

FIDELIDAD

Creo que Dios nos exige que usemos fielmente nuestro patrimonio por tres razones: (1) Para desarrollar el carácter; (2) para hacer más profunda nuestra vida espiritual; y, (3) para dirigirnos al contentamiento.

El uso fiel del dinero desarrolla el carácter. En 1918 se publicó un libro titulado *Money the Acid Test* [Dinero: la prueba de fuego] escrito por David McConaughy que expresaba: "El dinero, que es la más común de todas las cosas temporales, conlleva consecuencias eternas y nada comunes. El dinero va moldeando a los hombres en el proceso de obtenerlo, ahorrarlo, usarlo, darlo y dar cuentas de él, aunque sea en forma completamente inconsciente. Resulta ser una bendición o una maldición para quien lo posea, según cómo lo maneja: el hombre se apropia del dinero o éste se apropia de aquel. El dinero tiene más cualidades mágicas que la lámpara de Aladino pues hace que quien lo maneja se vuelva:

Al adquirirlo: benefactor o explotador;

Al gastarlo: proveedor o despilfarrador;

Al ahorrarlo: conservador o miserable;

Al darlo: filántropo o patrón;

Al rendir cuentas por él: acreedor o deudor;

Al influir a otros: como escalón o piedra de tropiezo, dependiendo de si es un mayordomo fiel o infiel.

"Nuestro Señor toma el dinero, esa cosa esencial para nuestra vida común aunque, a veces, luce tan sórdido y El lo vuelve piedra angular para probar las vidas de los hombres e instrumento para moldearlos a Su semejanza".[2]

Quede claro entonces que nuestro carácter está siendo edificado si manejamos nuestro patrimonio como fieles mayordomos; pero está siendo demolido si somos infieles.

Quizás Richard Halverson lo diga con más exactitud:

"Jesucristo se refirió al dinero más que a ninguna otra cosa, porque el dinero reviste importancia capital cuando se trata de la real naturaleza humana. El dinero es un indicador exacto del verdadero carácter del hombre. Toda la Escritura señala la correlación íntima entre el desarrollo del carácter del hombre y la manera en que maneja el dinero.[3]

El fiel uso del dinero se relaciona con la calidad de nuestra vida espiritual. La forma en que usted maneja el dinero tiene consecuencias espirituales eternas. Martín Lutero lo dijo así: "Hay tres conversiones: la conversión del corazón, de la mente y del bolsillo".

La Biblia dice:

El que es fiel en lo muy poco, también en lo más es fiel; y el que en lo muy poco es injusto, también en lo más es injusto.

Pues si en las riquezas injustas no fuisteis fieles, ¿quién os confiará lo verdadero?

Lucas 16:10-11

Jesús igualó, en ese pasaje, la habilidad del hombre para manejar los asuntos financieros con la calidad de su vida espiritual. Dijo que si un hombre es fiel en una esfera (económica), va a ser fiel en la otra (espiritual) también. Unicamente en la medida que nos relacionemos apropiadamente con nuestro patrimonio podemos relacionarnos apropiadamente con nuestro Dios.

El fiel uso del dinero lleva al contento. En el capítulo anterior dejamos a un contento Daniel dentro del foso de los leones. Daniel estaba contento por dos razones: (1) El sabía que Dios tenía el control absoluto de las circunstancias y podía librarlo; (2) Había hecho todo lo que él podía siendo un mayordomo fiel y bueno. Así, pues, Daniel tenía la conciencia limpia.

Entonces los gobernadores y sátrapas buscaban ocasión para acusar a Daniel en lo relacionado al reino; mas no podían hallar ocasión alguna o falta, porque él era fiel, y ningún vicio ni falta fue hallado en él.

Daniel 6:4

Descubrimos en Filipenses que Pablo había aprendido a estar contento porque: (1) Sabía que Dios iba a suplir todas sus necesidades (Filipenses 4:19) y (2) Había sido un mayordomo fiel. "Lo que aprendisteis y recibisteis y oísteis y visteis en mí, esto haced; y el Dios de paz estará con vosotros" (Filipenses 4:19).

La Biblia ofrece contentamiento y en ese proceso sugiere soluciones reales para los problemas financieros actuales. El resto de este libro trata estas soluciones prácticas. Cada capítulo trata uno de los nueve aspectos específicos que necesitamos para equiparnos para llegar a ser mayordomos fieles.

CONTRASTE

La sociedad dice: Haz lo que te parezca. Te ganaste el dinero, ahora gástalo como te guste y serás feliz.

La Escritura dice: Solamente estarás contento si has sido un siervo fiel.

La pirámide del contentamiento

CINCO
DEUDA: ACTUE DE ACUERDO A SU SUELDO

Todo gobierno, como toda familia, puede gastar en un año un poco más de lo que gana pero usted y yo sabemos que continuar esa costumbre significa pobreza.

Franklin D. Roosevelt, 1932

Gracias a la costumbre del trabajo y la frugalidad, libre del dominio del vicio; libre de deudas que limitan y esclavizan al hombre a sus acreedores.

Benjamín Franklin, siglo XVIII

El deudor es el siervo del acreedor igual que el rico manda al pobre.

Rey Salomón, siglo X, A.C.

El problema financiero más inmediato que enfrentaban Allen y Jean era la presión de sus acreedores. Y tenían unos cuantos. Sus deudas ascendían a más de $12.000 sin sumar la hipoteca de la casa por $75.200. Tenían dos préstamos bancarios, otro de una financiera, cuentas de tres tiendas grandes y $3.500 más que debían a un conjunto de once tarjetas de crédito.

Este matrimonio empezó a endeudarse al poco tiempo de casados cuando pidieron el primer préstamo.

Ella venía de una familia rica y dijo que sus amistades tenían automóviles nuevos y como ellos carecían de uno, decidieron comprar también un automóvil nuevo.

Después, cuando se fueron a vivir a otra ciudad, compraron una casa en una zona residencial (sin reflexión alguna), pidiendo un préstamo al banco de $6.000 para el pago anticipado. Luego, aumentaron la deuda bancaria a $6.500 cuando empezaron a atrasarse con los pagos mensuales de la hipoteca. Ella comentó:

"Las deudas empezaron a amontonarse y el empleado del banco nos dijo que iba a embargar la casa y el sueldo de mi marido".

El expresó: "La mayoría de las deudas se fueron acumulando tan lentamente en el curso de los años que no nos dimos cuenta de lo que pasaba hasta que fue muy tarde".

CREDITO PROGRESIVO

Igual que este matrimonio, muchas son las familias endeudadas que llegan tan lentamente al extremo en que se hallan, qùe no se dan cuenta hasta que la deuda se convierte en un problema aplastante.

Examinemos la manera en que el crédito progresivo se va infiltrando en una familia que gasta $3.35 diarios ($100 por mes) más de lo que gana.

Supongamos un interés promedio del 12% calculado mensualmente durante diez años.

Deuda: Actúe de acuerdo a su sueldo

Año	Gasto excesivo	Interés acumulado	Saldo final
1	$ 1.200	$ 70	$ 1.270
2	1.200	300	2.700
3	1.200	700	4.300
4	1.200	1.300	6.100
5	1.200	2.200	8.200
6	1.200	3.300	10.500
7	1.200	4.600	13.000
8	1.200	6.400	16.000
9	1.200	8.500	19.300
10	1.200	11.000	23.000
Total	$12.000	$11.000	$23.000

Al cabo de diez años la familia que gasta de más $3.35 diarios, termina debiendo un total de ¡$23.000! Los intereses solos suman $230 por mes. ¡Cuídese del crédito progresivo! Cada año son millones los norteamericanos que se encuentran en la misma situación difícil de la familia Hitchcocks. Una de cada veinte familias que se endeudan para comprar un automóvil nuevo o que usan la tarjeta de crédito para comprar el uniforme escolar de sus hijos van a tener problemas para pagar.

Un experto en crédito dice que la razón mayor de esto es el "daño a la capacidad de pago del deudor".

La gente pide préstamos basados en el supuesto flujo de dinero constante que ingresa, pero "ocurre lo inesperado"; alguien se enferma; la señora queda embarazada; un empleador quiebra.

La carga de deudas es tan inmensa para cientos de miles de norteamericanos, que se declaran en bancarrota cada año. No sorprende, por lo tanto, que declararse en quiebra sea un hecho común y corriente en una economía que depende del crédito, como es la norteamericana.

CREDITO CRECIENTE

Un profesor de Harvard explica: "Tiene que haber desastres con tanto crédito como el que hay. Pasa lo mismo que con los accidentes automovilísticos, ya que si existen todos esos automóviles, tiene que haber accidentes".

La economía norteamericana va, ahora más que nunca, cabalgando sobre una creciente montaña de deudas. La sociedad que funcionó basada en el dinero en efectivo se ha vuelto una sociedad de crédito. Antes, el crédito era el privilegio de los ricos, pero el retrato del consumidor ha sufrido cambios espectaculares. El banquero recio y exigente que exigía que su abuelo entregara buenas prendas antes de otorgarle un préstamo, fue reemplazado por el amistoso consejero financiero que puede planificar el futuro suyo y ayudarle a relajarse con esos ¡pagos mensuales tan sencillos!

Los norteamericanos han respondido endeudándose como nunca antes —primero, por la casa, después por el automóvil y el refrigerador y, por último, por su placer, —cosas como el televisor y las vacaciones—, o sea, de lo más durable a lo más perecedero. La variedad de bienes y servicios disponibles a crédito es ilimitada.

Las estadísticas preparadas por el Banco Central de Norteamérica muestran que las deudas a plazo del consumidor se han multiplicado más de treinta y una veces, a partir de 1945. Las deudas personales han alcanzado un punto en que se precisa un (1) dólar por cada cuatro que ganen los consumidores (descontados los impuestos) para mantenerse al día con los pagos mensuales.

UN ESTILO DE VIDA AL CREDITO

Endeudarse se ha vuelto, evidentemente, el estilo de vida de la mayoría de los norteamericanos: tarjetas de crédito, cuentas y préstamos son, en la actualidad, tan comunes que ellos piensan que tienen el derecho a endeudarse y poner en la cuenta propia mientras van en pos del gran sueño norteamericano. Este es un sueño caracterizado por la acumulación de riquezas y posesiones que, se supone, producen

un estilo de vida seguro y cómodo. Año tras año los norteamericanos determinan comprarse ese sueño con dinero o sin
él. El endeudamiento se ha trasladado desde una posición de
descrédito a la de respetabilidad.

Una respetada publicación reciente tenía un artículo con el
título "La sabiduría del endeudamiento" que decía: "Puede
resultar chocante para quienes fuimos criados con actitudes
anticuadas acerca del dinero, pero el adagio 'Nunca seas ni
deudor ni acreedor', sencillamente no tiene lugar en la economía actual. William Flanagan, un editor que colabora en
una revista especializada en materia de finanzas ha sugerido
un nuevo adagio: 'Engánchate'.

»Debemos contemplar los indicios que nos dan las grandes
empresas, señala el mismo periodista. Las empresas mismas
están constantemente endeudadas —'Y serían consideradas
insensatos si operaran basados en a cero deuda'.

»A muchos norteamericanos les cuesta mucho acostum-
brarse a esta clase de pensamiento 'que, por cierto, parece
blasfemo', dice el propio Flanagan, 'pero su lógica es ineludi-
ble, pues ¡basta con examinar los hechos!'".[4]

Bueno, examinemos los hechos de esos "pagos mensuales
sencillos". Suena tan atrayente, tan fácil: "Presentamos el
mejor amigo que haya tenido jamás su cuenta bancaria".
"Relájese: ahora hay una solución sencilla para esos moles-
tos problemas de dinero". "Compre ahora y pague después
con una pequeña cuota mensual".

¿Aportan finalmente una respuesta indolora y rápida a sus
problemas financieros todas estas compañías de tarjetas de
crédito y los bancos? No. Simplemente presentan los aspectos positivos y transitorios del crédito instantáneo.

EL CONCEPTO REAL DE DEUDA

Estas soluciones se resumen en una sola palabra que los
publicistas olvidan mencionar: deuda.

Tenemos a las agencias de publicidad, al gobierno y a los
deudores empeñados en encontrar definiciones más atractivas a
la palabra deuda, de manera que es mejor que examinemos una

lista objetiva de sinónimos que da el Diccionario de la Universidad Roget para ese vocablo: en circunstancias embarazosas; obligado; cobrable; en dificultades; negativo; que se debe; en aprietos; estar en apuros; gravado (con impuestos); insolvente.

¿Se sintió cómodo mientras leía la lista? Todavía me falta por ver un anuncio que prometa la buena vida del "compre ahora y pague después" equilibrado por uno de esos sinónimos que describen la realidad de la deuda.

¿Está comenzando a sentir que "el evangelio según San Publicidad" puede no predicar toda la verdad de la vida abundante en su calidad de miembro de la deuda establecida?

El diccionario define la deuda como: "Obligación que uno tiene de pagar, satisfacer o reintegrar a otro una cosa, por lo común dinero. Obligación moral contraída con otro. Pecado, culpa u ofensa; y así en la oración del Padrenuestro se dice: y perdónanos nuestras DEUDAS". La deuda abarca el dinero debido a las compañías de tarjetas de crédito, los préstamos bancarios, el dinero pedido prestado a los parientes, la hipoteca de la casa y la cuentas médicas no pagadas. Las cuentas que vencen todos los meses, como la cuenta del consumo de electricidad, no se consideran deuda si se pagan a tiempo.

¿QUE DICE LA BIBLIA ACERCA DE LA DEUDA?

La perspectiva bíblica de la deuda es clara. Lea con esmero la primera parte de Romanos 13:8 de varias versiones de la Biblia:

No debáis a nadie nada (Reina Valera 1960; *Paga todas las deudas* (La Biblia al Día); *No debáis a nadie nada* (Reina Valera 1909); *No debáis a nadie nada*(BLA).

En Proverbios 22:7 aprendemos por qué nuestro Señor habla tan directamente acerca de la deuda: *El rico se enseñorea de los pobres, y el que toma prestado es siervo del que presta.*

Cuando estamos endeudados, estamos en una posición de servidumbre respecto del prestamista. Mientras más endeudados estemos, más siervos nos volvemos. No tenemos la plena libertad o discreción de decidir dónde gastar nuestros ingresos. Estamos ya legalmente obligados a pagar estas deudas.

Pablo escribe en 1 Corintios 7:23: *Por precio fuisteis comprados; no os hagáis esclavos de los hombres.* Nuestro Padre hizo el sacrificio final de dar a Su Hijo, el Señor Jesucristo, para que muriera por nosotros. Y ahora quiere que Sus hijos sean libres para servirle a El, en cualquier forma que sea y no al hombre.

Además, en el Antiguo Testamento estar libre de deudas era una de las recompensas prometidas por la obediencia.*Y sucederá que si obedeces diligentemente al Señor tu Dios, cuidando de cumplir todos sus mandamientos que yo te mando hoy ... todas estas bendiciones vendrán sobre ti ... y tú prestarás a muchas naciones, pero no tomarás prestado.* (Deuteronomio 28:1-2,12, BLA).

Sin embargo, el endeudamiento era una de las maldiciones infligidas por desobedecer. *Pero sucederá que si no obedeces al Señor tu Dios, guardando todos sus mandamientos y estatutos que te ordeno hoy, vendrán sobre ti todas estas maldiciones, y te alcanzarán.... El forastero que esté en medio de ti se elevará sobre ti cada vez más alto, pero tú descenderás cada vez más bajo.*

El te prestará, pero tú no le prestarás a él; él será por cabeza, y tú serás la cola. (Deuteronomio 28:15,43,44).

Además, la deuda presume del mañana; cuando decimos: *Hoy y mañana iremos a tal ciudad, y estaremos allá un año, y traficaremos y ganaremos; cuando no sabéis lo que será mañana. Porque ¿qué es vuestra vida? Ciertamente es neblina que se aparece por un poco de tiempo, y luego se desvanece. En lugar de lo cual deberíais decir: Si el Señor quiere, viviremos y haremos esto o aquello.* (Santiago 4:13-15).

¿CUANDO PODEMOS DEBER DINERO?

La Escritura guarda silencio en materia de cuándo podemos deber dinero, así que, en nuestra opinión, es posible deber dinero por: (1) la compra de su casa; (2) por su negocio o vocación.

Creemos que esta "posible deuda" es permisible solamente si se satisfacen los siguientes criterios:

1. El objeto comprado es un bien que tiene el potencial de subir de precio o producir un ingreso.
2. El valor del objeto iguala o *supera* la suma debida contra el mismo.
3. La deuda no debe ser tan elevada que el pago ejerza indebida presión presupuestaria.

Permítanme dar un ejemplo de cómo se puede deber dinero para comprar casa. Históricamente la casa ha sido un bien que sube de precio, de modo que satisface el primer criterio. Segundo, si usted invierte un pago por anticipado razonable, puede esperar vender la casa, por lo menos, por una cantidad suficiente que satisfaga la hipoteca lo cual satisface el segundo criterio. Por último, el pago mensual de la casa no debe presionar su presupuesto.

Si usted cumple todos los criterios y asume alguna "posible deuda"; oro para que usted, inmediatamente, se fije la meta de eliminar esta deuda. No hay seguridad absoluta que el mercado de la vivienda seguirá en alza, ni siquiera de que mantenga los valores actuales. La pérdida de su trabajo puede interrumpir su ingreso. Por favor, considere pagar por completo esta deuda.

SEIS
SALGA DE LAS DEUDAS:
SU DIA "D"

El norteamericano moderno es una persona que maneja un automóvil financiado por el banco sobre una autopista financiada por medio de bonos, con combustible comprado con la tarjeta de crédito para ir a abrir una cuenta en una tienda por departamentos a fin de amoblar con muebles a crédito su casa financiada por la asociación de ahorros y préstamos.

Allen dijo: "Espero no volver a caer nunca más".

Jean recordó: "Sencillamente no sabía; no tenía experiencia".

¿De qué hablaban?; ¿de serpientes venenosas?; ¿materiales radioactivos?; ¿drogas de adicción?

No, de las tarjetas de crédito. Ellos habían llegado a endeudarse en $3.500 en once tarjetas de crédito y pagaban 18% de interés mensual por tal "privilegio".

Su dinero: ¿Frustración o libertad?

Actualmente, ese es el problema más común en Norteamérica. El fácil acceso al crédito ha producido un crecimiento fenomenal en el número de tarjetas que tiene el cliente. El pueblo norteamericano tiene un promedio de ochocientos millones de tarjetas y el consumidor promedio lleva consigo más de cinco.

La revista especializada *Business Today* publicó una crónica sobre el más ávido coleccionista de tarjetas de crédito de Norteamérica. A comienzos de 1978, Walter Cavanaugh, un farmacéutico, dijo que tenía unas ochocientas tarjetas de crédito. Las colecciona por divertirse, guardándolas en una caja fuerte, excepto unas pocas. Si Cavanaugh usara en realidad sus ochocientas tarjetas tendría una línea de crédito estimada en $9.300.000 en un solo mes.[5]

Al terminar la reunión inicial con los Hitchcock, él me pidió tijeras pues quería realizar cierta forma de "cirugía plástica" y procedió a cortar en tiras sus tarjetas de crédito, como un símbolo de su promesa de salir de deudas. Si ellos la cumplen se contarán entre la minoría. Menos del 50% de quienes dan el paso inicial continúan realmente cumpliendo su promesa y llegan a la meta de ser libre de deudas.

La razón de ello es que salir de deudas es frecuentemente un trabajo tedioso y doloroso. No basta con dejar de gastar en exceso sino que se necesita una reducción en tres fases de sus gastos habituales:

1) Deje de gastar más de lo que gana.
2) Pague el interés de la deuda.
3) Pague la deuda.

¿Se da cuenta de que no hay nada fácil en esos "sencillos pagos mensuales"? Salir de deudas suele ser una tarea abrumadora, tan abrumadora que creo que la mayoría de los deudores necesitan una motivación más intensa que el simple deseo de ser libre de deudas. Lo que más motiva es el deseo de conformarse a la Escritura:

El impío toma prestado, y no paga; mas el justo tiene misericordia y da.

Salmo 37:21

No te niegues a hacer el bien a quien es debido, cuando tuvieres poder para hacerlo. No digas a tu prójimo: Anda, y vuelve, y mañana te daré, cuando tienes contigo qué darle.

Proverbios 3:27-28

La Biblia nos dice claramente que empecemos a salir de deudas lo más pronto posible. Nunca es fácil, pero el Señor desea que seamos libres de la servidumbre de la deuda y todas las cosas son posibles con Dios.

PASOS PARA SALIR DE DEUDAS

La vía para salir de deudas será individual dadas sus propias circunstancias particulares. Los ocho pasos que siguen pueden guiarle por esta jornada.

Los pasos son sencillos. Lo difícil es la persistencia que se requiere tener para cumplir todo a cabalidad hasta que uno llegue a la meta: liberarse del endeudamiento.

Haga un presupuesto por escrito. Un presupuesto escrito es el primer paso y el más importante para salir de deudas porque es un plan para gastar dinero.

Así, puede usar un presupuesto para registrar la reducción de su deuda y controlar sus progresos.

El presupuesto también puede servir para analizar sus formas de gastos a fin de que vea dónde puede disminuirlos y sea efectivo para frenar el gasto impulsivo.

Haga una lista de todos sus bienes. Haga una lista con todo lo que tiene: casa, automóvil, muebles, dinero en efectivo, etc. Use la lista que sigue para guiarse.

Su dinero: ¿Frustración o libertad?

LISTA DE ACTIVOS—SUS POSESIONES

1. DINERO Y BIENES
   FACILMENTE CONVERTIBLES
   EN EFECTIVO

   (a) Dinero efectivo _____

   (b) Acciones _____
       (valor de mercado)

   (c) Bonos _____

   (d) Valor efectivo del _____
       seguro de vida
       (llame a su agente)

   (e) Monedas _____

2. BIENES RAICES

   (a) Casa (valor de mercado) _____

   (b) Otros bienes raíces _____

3. CUENTAS POR COBRAR

   (a) Hipoteca por cobrar _____

   (b) Pagarés por cobrar _____

4. OTRAS INVERSIONES _____

5. AUTOMOVILES (llame _____
   al vendedor para saber el
   valor actual en el mercado)

6. PERTENENCIA
   PERSONALES*

   (a) Muebles _____

   (b) Embarcaciones _____

   (c) Cámaras fotográficas _____

   (d) Pasatiempos favoritos _____

   (e) Varios _____

7. GANANCIAS
   ACUMULADAS
   POR JUBILACION

ACTIVOS TOTALES _____

* Los bienes personales son el activo de más difícil evaluación. Hacer la tasación tan conservadoramente como sea posible debido a que la depreciación de estas propiedades de segunda mano es, por lo general, muy baja.

Valore la lista completa para determinar si debe vender algunos bienes.

A medida que empezamos a considerar las cosas que los Hitchcock podían vender, lo más evidente resultó ser el segundo automóvil nuevo que tenían.

La esposa protestó que no podría vivir sin el automóvil; su esposo reaccionó herido y sintiéndose culpable. No quería de privarla de algo que ella quería, pero los dos se daban cuenta de que necesitaban tomar medidas muy drásticas.

Decidieron vender ese automóvil y la colección de armas de fuego de él; eso les permitió disminuir su deuda en $3.000 y empezar a utilizar la cuota del automóvil que vendieron para pagar otras deudas.

Como George Fooshee ha dicho:

"La actitud que usted asuma respecto de las cosas determinará el éxito que obtenga al ir elaborando su salida de las deudas. No piense en cuánto perderá de lo que haya pagado por el objeto que venda. Piense en la cantidad que ganará de inmediato, para aplicar a la reducción de su deuda".[6]

Haga una lista de todas sus deudas. Me sorprendió saber que la mayoría de las personas no saben claramente lo que deben. Haga una lista exhaustiva de sus deudas (incluya lo que debe a sus parientes), anote la cuota mensual que debe pagar y la tasa del interés anual.

Su dinero: ¿Frustración o libertad?

LISTA DE DEUDAS—LO QUE DEBO

	Cuota mensual	Tasa de interés	Saldo adeudado
1. Hipoteca de la casa			
2. Tarjetas de crédito			
3. Banco			
4. Préstamos			
5. Créditos			
6. Seguros			
7. Préstamo de la cooperativa de crédito			
8. Préstamos de parientes			
9. Otros préstamos personales			
10. Préstamos de negocios			
11. Préstamos por enfermedades			
12. Varios			
TOTAL DE DEUDAS			

Usted va a descubrir al analizar los intereses de la lista de sus deudas que los costos del crédito varían muchísimo: desde un mínimo tal como 9% anual por un crédito de la cooperativa de crédito, a 12% por un préstamo bancario, 18% por tarjetas de crédito, 20% y más por compras a plazo, hasta el 25% o más por los préstamos de instituciones financieras pequeñas.

La lista de deudas le servirá para establecer prioridades para reducir su endeudamiento —trate de eliminar primero las deudas con mayor tasa de interés.

Organice un inventario de pago de deudas. Por tediosas que parezcan estas medidas para salir de las deudas, son absolutamente necesarias. Nadie sale de deudas, nunca, por accidente.

Todos necesitamos un inventario de pagos sistematizado y puesto por escrito para alcanzar la meta del "Día D"—"Día sin deudas".

Un inventario típico de pagos luce como el que sigue:

PROGRAMA DE PAGOS

Acreedor_____

	Pago mensual	Meses pendientes	Saldo adeudado
Enero	_____	_____	_____
Febrero	_____	_____	_____
Marzo	_____	_____	_____

Una vez efectuados sus pagos mensuales, anote la cantidad pagada y calcule el saldo adeudado. Registre sus pagos pues eso le dará una sensación de estar cumpliendo su meta y se incentivará al observar cómo va disminuyendo el saldo adeudado, lo que le ayudará a persistir en su plan de pagos.

Si está sumamente endeudado o tiene pagos vencidos, es buena idea que le envíe una copia de su plan de pagos a los acreedores. Raro es el acreedor que no colabora con el deudor seriamente dispuesto a pagar en forma sistemática lo que debe. Los acreedores apreciarán el hecho de que usted haya formulado un plan y lo haya compartido con ellos.

A medida que vaya pagando por completo a un acreedor, empiece a usar ese dinero para pagar otra deuda, así reducirá más rápidamente su endeudamiento total.

Use el ingreso extra. Otra forma de acelerar su salida de las deudas es acordar, anticipadamente, el uso de todo ingreso extra para pagarlas. Esto incluye desde horas extra, devoluciones de impuestos, ventas de cosas suyas usadas, trabajos especiales, y cualquier otro ingreso.

Su dinero: ¿Frustración o libertad?

La señora Hitchcock resultó ser muy laboriosa y creativa; organizó un "Miniguardería infantil" en su casa, cuidando a cuatro niños del barrio durante el día, mientras sus padres trabajaban. Animó a sus dos hijos mayores a que cuidaran niños en las tardes, y ellos aportaron la mitad de lo que ganaban a la reducción de la deuda familiar.

En efecto, la señora y los niños contribuyeron con ¡$135 por semana (más de $500 por mes) para rebajar la deuda!

Esta es solamente una de las muchas maneras imaginativas que hay para ganar dinero extra a fin de salir más rápidamente de la deuda. La clave reside en asegurarse de usar ese ingreso extra para reducir la deuda, no para elevar el nivel del gasto.

No se endeude de nuevo. Una manera infalible de hacer esto es pagar únicamente con dinero contante y sonante. No use las tarjetas de crédito pues, de alguna manera, dan la sensación de no estar gastando dinero de verdad, sino "de mentiritas". Alguien que andaba de compras le comentó a una amiga: "¡Me gustan las tarjetas de crédito; alcanzan para mucho más que el dinero!" Se ha demostrado que la familia que compra con tarjeta de crédito gasta más. ¡Cuídese del dinero plástico!

Conténtese con lo que tiene. La industria de la publicidad ha desarrollado herramientas potentes y sofisticadas con la intención de crear descontento en nuestras vidas. Por ejemplo, la publicidad de la televisión ejerce un gran impacto en la gente porque el norteamericano promedio dedica veinte horas semanales a mirar televisión. Cuando el adolescente prototipo termina sus estudios secundarios, se ha pasado 10.800 horas en clase y 15.000 frente al televisor. En una media hora promedio de televisión hay trece anuncios; eso significa que el norteamericano promedio mira entre cincuenta y cien anuncios por día. La publicidad está pensada para cumplir un solo propósito: animarnos a comprar algo despertando el descontento con lo que tenemos.

Una gran empresa manufacturera decidió abrir una nueva fábrica en un país donde abundaba la mano de obra barata. La fábrica abrió con todas las velas desplegadas, el proceso de fabricación funcionaba uniformemente —hasta el primer día de pago. Al día siguiente, ninguno de los obreros vino a trabajar.

La gerencia esperó ... uno, dos, tres días. Aún no se presentaba un solo obrero a trabajar. El gerente de la fábrica fue a ver al alcalde del pueblo para saber cuál era el problema. Este le respondió a su pregunta: ¿Por qué seguir trabajando si estamos satisfechos? Ya ganamos todo el dinero que necesitamos para vivir".

La fábrica estuvo parada casi un mes hasta que a alguien se le ocurrió repartir catálogos de Sears a todos los aldeanos. Mirar los catálogos creó nuevas necesidades en ellos. Desde entonces no ha habido más problemas de empleo.

He aquí cuatro axiomas: 1) Mientras más miramos las vitrinas y vidrieras de las tiendas, más gastamos; 2) Mientras más televisión miramos, más gastamos; 3) Mientras más tiempo dediquemos a mirar catálogos de tiendas, más gastamos; 4) Mientras más miremos los avisos de revistas y periódicos, más gastamos.

Le será más fácil seguir contento con lo que tiene si evita intencionalmente las tentaciones causadas por la publicidad.

¡No se rinda! Acepte desde el comienzo que habrá centenares de razones lógicas por las cuales usted debería renunciar o demorar su esfuerzo para salir de las deudas.

¡No! ¡No! ¡No!

No se detenga hasta haber alcanzado la maravillosa meta de ser libre de deudas. Recuérde, cuesta mucho salir de las deudas, pero, por las bendiciones del contentamiento, vale la pena empeñarse en esta lucha.

¿COMO ELUDIR LA TRAMPA DE LA DEUDA DEL AUTOMOVIL?

La deuda del automóvil es una de las principales causas del endeudamiento del consumidor, ya que 70% de todos los automóviles de los norteamericanos es comprado a plazos. La persona promedio conserva su automóvil entre tres y cuatro años. El automóvil promedio dura diez años. He aquí cómo eludir esta trampa: primero, decida por anticipado que usará el automóvil por lo menos durante seis años. Segundo, pague todo el préstamo que pidió para comprarlo. Tercero, (ésta es la clave), siga pagando la cuota mensual por el automóvil pero *a usted mismo* en una cuenta especial de ahorros. Entonces, cuando esté listo para cambiar el automóvil, lo que haya ahorrado más el automóvil viejo que entrega a cambio, le deberá alcanzar para comprar al contado un buen automóvil de uso con poco kilometraje recorrido.

¿QUE PASA CON LA HIPOTECA DE LA CASA?

Quiero desafiarle a que pregunte al Señor, en oración, si El quiere que usted empiece por pagar totalmente la hipoteca si tiene casa. Naturalmente, pagar toda la hipoteca de la casa suele ser una meta a largo plazo dado el monto de la hipoteca promedio. Examinaremos un plan de pago de una deuda hipotecaria. No se deje intimidar por el monto de la hipoteca o la tasa de interés que usamos en el ejemplo, en el cual suponemos una hipoteca por $75.000 a 12% anual en 30 años. Los primeros cinco meses del plan de pago (también conocidos como amortización) son así:

Mes	Pago	Interés	Capital	Saldo
1	771.47	750.00	21.47	74.978.53
2	771.47	749.79	21.68	74.956.85
3	771.47	749.57	21.90	74.934.95
4	771.47	749.35	22.12	74.912.83
5	771.47	749.13	22.34	74.890.49

Como puede ver, durante los primeros años usted paga, prácticamente, todo el interés. En este caso, tendrán que transcurrir veintitrés años y medio para que se iguale el pago del interés y el capital! Examinemos ahora dos métodos que podemos emplear para cancelar la hipoteca en la mitad del tiempo y ahorrar miles de dólares en intereses.

El primero consiste en aumentar la cuota mensual. En nuestro ejemplo, la hipoteca de $75,000 a 12% en 30 años determina una cuota mensual de $771.47. Si usted aumenta esa cuota a $900.17 ($128.70 más por mes), la hipoteca quedará cancelada en 15 años. En ese plazo usted habrá pagado $23.166 adicionales ahorrando $138.864 de intereses en los 30 años de hipoteca estipulados.

El segundo consiste en pagar por adelantado el capital de la cuota correspondiente al mes que sigue, junto con la cuota habitual de $771.47. Al actuar de esta manera durante 15 años, se cancela toda la hipoteca. En los primeros años, este pago es bajo pero en los últimos, se aumenta considerablemente.

Usted tiene que estudiar su hipoteca para asegurarse de que puede pagar mediante el segundo método sin sufrir castigos. La hipoteca de una casa suele permitir esta forma de pago por adelantado del capital. Por último, tiene que informar de sus planes a quien le prestó el dinero.

Mi esposa y yo empezamos, en 1975, el lento proceso de cancelar la hipoteca de nuestra casa y hoy no debemos un centavo a nadie. Esto me ha permitido sacar tiempo de mi trabajo para dedicarlo a estudiar y desarrollar los materiales de Crown Ministries (Ministerios de la Corona). Dios puede tener algo parecido para usted.

DEUDAS POR INVERSIONES

¿Debe usted tomar dinero prestado para invertir? Yo opino que es permisible pedir prestado para invertir, pero únicamente si no se le exige garantizar personalmente el pago de la deuda. La inversión que motiva el pedir prestado (y cualquier cantidad invertida para el pago por anticipado) debe ser el único pago de la deuda.

Por ejemplo, si queremos comprar una casa para rentar que cuesta $50.000, con un pago por anticipado de $10.000, debemos presentar una solicitud de préstamo que especifique que el único requisito para esa deuda es la casa misma. Y que si por alguna razón no podemos pagar el préstamo, se pierden también los $10.000 del pago por anticipado, más cualquier otra suma invertida subsecuentemente en la casa y el que haya prestado el dinero se queda con la casa. Entonces la decisión es cosa de quien preste. ¿Alcanza la suma del anticipo? ¿Está la casa bien evaluada? ¿Está tan firme el mercado de la vivienda para sentirse seguro de otorgar el préstamo?

Cerciórese de limitar su posible pérdida al dinero que invierte y a la inversión, dada la posibilidad de dificultades financieras que escapen de su control. Duele perder lo invertido pero es mucho más grave que ponga en peligro la satisfacción de las necesidades familiares al arriesgar todos sus bienes para respaldar una deuda por inversiones.

AVAL

Dar su aval se refiere a endeudarse. Cada vez que usted firma como fiador, se hace legalmente responsable por la deuda de una tercera persona. Esto es como si usted fuera al banco, pidiera prestado el dinero y se lo diera a su amigo, pariente, en fin, a quien le pide su aval.

Un estudio realizado por la Comisión Federal de Comercio de Norteamérica demostró que 50% de los que avalan los préstamos bancarios terminan pagando la deuda. Desafortunadamente, pocos son los fiadores que hacen planes por si su avalado falla. La tasa de víctimas, en ese sentido, es tan alta porque el prestamista profesional ha analizado el préstamo, diciéndose que no prestaría este dinero por nada del mundo, a menos que pueda conseguir que otra persona financieramente responsable garantice el pago del préstamo.

La Escritura es muy clara al respecto. En Proverbios 17:18 se lee: *El hombre falto de entendimiento presta fianzas, y sale por fiador en presencia de su amigo*

La palabra "falto de entendimiento" tradúzcala mejor como "¡demente!" Por favor, nunca salga fiador por otro.

COMPROMISO

Formalice con su familia el deseo de salir de las deudas. Luego, siga las ocho guías proporcionadas para liberarse de la deuda. Un método útil para adherirse al plan propuesto es buscar el consejo de un amigo, o amigos, que puedan pedirle cuentas. El próximo capítulo trata acerca del valor de buscar consejo.

La pirámide del contentamiento

SIETE
CONSEJO: CORDÓN
DE TRES DOBLECES

Mejores son dos que uno; porque tienen mejor paga de su trabajo.

Eclesiastés 4:9

Y si alguno prevaleciere contra uno, dos le resistirán; y cordón de tres dobleces no se rompe pronto.

Eclesiastés 4:12

La escena era parecida a lo que uno puede leer en los cuentos árabes de las mil y una noches. El rey Asuero —ese emperador persa tan extravagante— ofrecía una grandiosa celebración para exhibir su tremenda riqueza y poder. El clímax de esta parranda de seis meses era toda una semana de fiesta exclusiva para el personal de su palacio.

El ambiente era increíblemente lujoso. "El pabellón era de blanco, verde y azul, tendido sobre cuerdas de lino y púrpura en anillos de plata y columnas de mármol; los reclinatorios de oro y de plata, sobre losado de pórfido y de mármol, y de alabastro y de jacinto. Y daban a beber en vasos de oro, y vasos diferentes unos de otros, y mucho vino real, de acuerdo con la generosidad del rey"(Ester 1:6-7).

A medida que la fiesta cobraba intensidad, el rey Asuero, medio borracho, ordenó que viniera su reina para que sus invitados pudieran mirar su gran belleza, pero ella se negó.

Fíjese en la reacción del rey: "... y el rey se enojó mucho, y se encendió en ira. Preguntó entonces el rey a los sabios que conocían los tiempos (porque así acostumbraba el rey con todos los que sabían la ley y el derecho) (Ester 1:12-13).

La expresión del hebreo traducida "se enojó mucho, y se encendió en ira" literalmente es "su garganta se enrojeció", reacción extraordinaria considerando al monarca medio borracho, enrojecido de ira."Preguntó entonces a los sabios que conocían los tiempos (porque así acostumbraba el rey)". Asuero no modificó su costumbre, profundamente arraigada, de buscar consejo aun en su estado de ebriedad y enojo.

Esto contradice agudamente con lo que acostumbramos hacer nosotros, pues el ideal norteamericano es el de ser un individualista extremo. Un hombre de hombres. Un tipo John Wayne que supera a la vida, que puede tomar todas las decisiones solo sin temor y que puede arreglárselas, en estoico silencio, frente a cualquier presión financiera. Nuestra cultura afirma: sea hombre y yérgase en sus dos pies.

Casi 500 años antes del reinado de Asuero hubo otro rey, Salomón, que dominó la escena mundial. Conocido como el "primer gran rey comercial de Israel" fue un hábil diplomático y conductor de extensas empresas de la construcción, transporte de carga y minería. Sin embargo, Salomón suele ser recordado como el rey más sabio que haya vivido. Efectivamente, él hizo de la sabiduría un objeto de estudio.

En Proverbios, Salomón escribió: "Bienaventurado el hombre que halla la sabiduría, y que obtiene la inteligencia; porque su ganancia es mejor que la plata, y sus frutos mejores que el oro fino. Más preciosa es que las piedras preciosas; y todo lo que puedas desear, no se puede comparar a ella".

Las prácticas recomendaciones de Salomón sobre la sabiduría que todo lo abarca también se encuentran en Proverbios: "Escucha el consejo, y recibe la corrección, para que seas sabio en tu vejez" (19:20). "El camino del necio es derecho en su opinión; mas el que obedece al consejo es sabio" (12:15). "Atended el consejo, y sed sabios, y no lo menospreciéis" (8:33).

¿DE QUIEN BUSCAR CONSEJO?

La Escritura nos exhorta a que busquemos consejo de tres fuentes. Primero, del mismo Señor. Efectivamente, uno de los nombres que El mismo se arroga es el de Admirable Consejero. Segundo, de la Biblia. "Pues tus testimonios son mis delicias y mis consejeros". (Salmo 119:24).

Por último, nos insta a que busquemos consejos de personas santas:

"La boca del justo habla sabiduría, y su lengua habla justicia. La ley de su Dios está en su corazón; por tanto, sus pies no resbalarán" (Salmo 37:30-31).

EL CUERPO

El apóstol Pablo reconoció el beneficio del santo consejo. Después de haber sido convertido en el camino a Damasco, nunca estuvo solo en su ministerio público. Sabía y apreciaba el valor de un par de ojos extra que miraran la senda angosta y recta. Timoteo, Bernabé, Lucas u otro estaba siempre con él.

Efectivamente, en el Nuevo Testamento nunca se usa *santo* en singular sino siempre en plural. Alguien ha descrito la vida cristiana no como de independencia mutua sino más bien de dependencia recíproca y en ninguna parte se ve esto con mayor claridad que en el sermón de Pablo sobre el Cuerpo de Cristo (1 Corintios 12).

Cada uno es diseñado como un miembro diferente de este cuerpo. Nuestra habilidad para funcionar normalmente depende de la función conjunta de los miembros. Dios ha dado a cada persona ciertas habilidades y dones, pero no le ha dado toda la habilidad necesaria a una sola para que funcione al máximo nivel. Alguien ha dicho: "Cada reunión de personas es un intercambio de talentos y dones".

Además, se nos anima específicamente a buscar el consejo de amigos, de personas mayores con más experiencia y de los parientes. Si usted está casado, su fuente primaria de consejo humano debe ser su cónyuge. Esposo y esposa son uno.

Usted tiene que consultar a su cónyuge y prepararlo en todos los asuntos financieros de la familia. Yo lo he hecho y me he sorprendido gratamente al observar cuán astuto es el análisis de las finanzas que mi esposa efectúa. Aunque su educación formal no se ha relacionado con las empresas, ella ha desarrollado un excelente sentido de los negocios y sus decisiones suelen ser mejores que las mías.

CONSEJO PARA EVITAR

La Escritura se refiere directamente al asunto de evitar los consejeros que no son santos. "Bienaventurado el varón que no anduvo en consejo de malos"(Salmo 1:1).

Podemos buscar, en mi opinión, ayuda técnica específica como legal y contable de quienes no conocen a Dios, pero una vez que estemos en posesión de los datos técnicos, el consejo para la decisión final debe limitarse a quienes conocen al Señor.

DECISIONES IMPORTANTES

Algunas decisiones merecen más atención que otras dada su importancia y permanencia. Por ejemplo, las decisiones referidas al matrimonio, a la carrera profesional, nos afectan por un período más prolongado que la mayoría de las otras decisiones que tomamos en esta vida.

Debemos tratar de obtener consejo de varios consejeros cuando lo busquemos referido a temas importantes. "Los pensamientos son frustrados donde no hay consejo; mas en la multitud de consejeros se afirman"(Proverbios 15:22).

Con toda franqueza, yo no había apreciado plenamente los beneficios de buscar el consejo de muchos hasta que me puse a escribir este libro. Doce personas criticaron el manuscrito y cada aporte fue significativo. Me sorprendió comprobar que la diversidad de opiniones mejorara su contenido y calidad.

Una manera práctica de aplicar el principio de los muchos consejeros es incorporarse a un pequeño grupo.

NUESTRO PEQUEÑO GRUPO

Hace varios años que mi esposa y yo nos reunimos habitualmente con tres matrimonios más, habiéndonos vuelto consejeros recíprocos. No tomamos ninguna decisión importante sin el consejo de estos amigos. Créame, nuestro pequeño grupo ha pasado, juntos, momentos traumatizantes. Los últimos cuatro años han estado marcados por cinco bebés, dos cambios de trabajo, conflictos conyugales y presiones financieras.

Nos hemos regocijado juntos con los éxitos de los otros, y consolado y llorado juntos en los momentos difíciles. El consejo de estos amigos no sólo ha beneficiado a mi talonario de cheques sino que ha contribuido significativamente a nuestra salud espiritual y emocional.

Estamos convencidos de que es sumamente valioso mantener relaciones en continua profundización con, por lo menos, una persona que pueda ser consejero. Su consejero más efectivo es la persona que mejor lo conoce a usted.

Ha sido una lucha mantener las relaciones de nuestro grupo en continuo crecimiento, pero el ánimo y responsabilidad de rendir cuentas inherente a toda relación íntima valen la pena. Esta es una manera práctica de motivarse unos a otros a mantenerse aferrados a los principios de Dios para manejar el dinero.

¿QUE DEBE HACER UN CUERPO?

Otro método práctico de obtener consejo es sincerarnos con una persona que tenga la especial habilidad de dar buenos consejos. "Porque a éste es dada por el Espíritu palabra de sabiduría" (1 Corintios 12:8).

Creo que cada iglesia o cuerpo debe identificar en su medio a quienes tengan este talento y después exhortarlos a ejercer esta habilidad para beneficio de los otros miembros.

Tim Manor tiene esta habilidad. El ha servido a muchos, incluyéndome a mí, como sobresaliente consejero. No puedo expresar en forma adecuada todo mi agradecimiento por su guía.

Como competente hombre de negocios Tim sabe planificación financiera, buenas técnicas de administración y conoce las tendencias de la economía. Su ayuda en cada aspecto es considerable, pero aun más valioso es su penetrante cuestionamiento de las metas de mi vida, lo cual me ha ayudado a replantearme muchos aspectos.

Así, pues, concuerdo gustoso con Salomón: "Y si alguno prevaleciere contra uno, dos le resistirán; y cordón de tres dobleces no se rompe pronto"(Eclesiastés 4:12).

CONTRASTE

La sociedad dice: Sé hombre, yérguete en tus dos pies. No necesitas que nadie te diga lo que tienes que hacer.

La Escritura dice: "El sabio de corazón recibirá los mandamientos; mas el necio de labios caerá (Proverbios 10:8).

COMPROMISO

Según mi experiencia, la gran mayoría de las personas que pasan por apremios financieros no han seguido la amonestación bíblica de buscar el sabio consejo. Ellos han sido moldeados por el punto de vista de nuestra cultura que enseña que admitir una necesidad y buscar consejo es solamente propio de quienes no son lo bastante fuertes para bastarse a sí mismos.

Con suma frecuencia el orgullo de la persona es el mayor disuasivo para que busque consejo. Esto es especialmente cierto si enfrentamos una crisis personal financiera. Nos avergüenza exponer nuestros problemas a otra persona.

Consejo: Cordón de tres dobleces

Otra razón de la renuencia a buscar consejo es el miedo de que salgan a la superficie asuntos que quisiéramos evitar si hacemos una evaluación objetiva de nuestras finanzas, como por ejemplo: falta de disciplina para gastar, presupuesto irreal, falta de comunicación familiar, sugerencias de renunciar a algo que nos gusta mucho.

No puedo destacar suficientemente la importancia del consejo y le animo a que evalúe su situación. Si usted carece de consejeros, por lo menos trate de cultivar la amistad con una persona santa que le pueda aconsejar.

La pirámide del contentamiento

OCHO
INVERTIR: CAMINO LABORIOSO Y UNIFORME

Tesoro precioso y aceite hay en la casa del sabio; mas el hombre insensato todo lo disipa.

Proverbios 21:20

La fiel mayordomía exige equilibrar la confianza en Dios y la toma de medidas para suplir las necesidades futuras.

"La familia norteamericana promedio está a tres semanas de la bancarrota", declaró un artículo reciente. "Esta familia promedio tiene, si acaso, escasos ahorros; un gran cantidad de gastos fijos mensuales para vivir y las obligaciones del crédito; además, depende totalmente del ingreso del próximo mes para seguir solvente".

De igual manera, un estudio efectuado por el organismo administrativo del gobierno norteamericano encargado del Seguro Social, reveló que la mitad de los hombres solteros de cincuenta y ocho a sesenta y tres años de edad, tenían activos financieros por menos de $470. Confirmamos este hecho asombroso en un seminario al que asistimos, alojándonos en la casa de una familia que dirige varias casas de reposo para ancianos. Sesenta y cinco por ciento de los ancianos recibían un subsidio completo del gobierno dado que para merecerlo se exigía que el valor neto del solicitante no ascendiera a más de $700.

Estas estadísticas indican que muchas personas no han seguido los principios del ahorro establecidos por Dios. Efectivamente, los Estados Unidos de Norteamérica posee la tasa más baja de ahorros entre los países ricos del mundo.

Ahorrar e invertir son, sin duda alguna, considerados tabúes –algo que la gente espiritual debe evitar como tema de conversación. Muchos cristianos parecen pensar que ahorrar significa desconfiar de la providencia de Dios. Eso es incorrecto.

Este capítulo trata la aplicación práctica de la Escritura al ahorro, la inversión, a hacer préstamos, a la herencia y a los testamentos.

AHORRO —EL PRINCIPIO DE JOSE

Un mayordomo diestro divide su ingreso entre compartir, gastar y ahorrar. "Tesoro precioso y aceite hay en la casa del sabio; mas el hombre insensato todo lo disipa" (Proverbios 21:20).

Las hormigas son elogiadas en Proverbios 30:24-25 por su sabiduría, debido a su instinto de ahorrar: "Cuatro cosas son de las más pequeñas de la tierra, y las mismas son más sabias que los sabios: Las hormigas, pueblo no fuerte, y en el verano preparan su comida". Ellas apartan y ahorran de la abundancia estival para satisfacer una necesidad futura.

Otro ejemplo es José, el fiel mayordomo que ahorró durante los siete años de abundancia para asegurarse de que hubiera suficiente alimento para el consumo de los siete años de hambruna.

Yo llamo "Principio de José" al ahorro. El ahorro significa no realizar un gasto hoy para tener algo que gastar en el futuro. Quizás por esto es que la mayoría de la gente nunca ahorra; nuestra cultura no es de abnegación sino de gratificación instantánea y por eso la mayoría de la gente gasta todos sus ingresos.

Ahorrar es importante para la exacta planificación financiera por tres razones. Primera, ahorrar provee una reserva para encarar hechos inesperados: pérdida del empleo, reparaciones grandes y enfermedades súbitas. Segundo, deben acumularse ahorros para que usted pueda adquirir su automóvil, muebles, etcétera, sin tener que endeudarse. Tercero, los ahorros acumulados proporcionan recursos para invertir.

COMO AHORRAR

La regla esencial para ahorrar es volverse uno mismo su principal acreedor, después del Señor. Ahorre habitualmente una parte de su ingreso, póngalo en una cuenta o plan de ahorros. No importa el porcentaje del ingreso que usted ahorre. Lo que importa es que se establezca un patrón de ahorros regulares.

Para desarrollar esta costumbre, puede emplear diferentes métodos. Por ejemplo, antes de gastar en algo, nosotros apartamos mensualmente un porcentaje de nuestro ingreso, depositándolo en una cuenta de ahorros. Puede que para usted sea más fácil usar uno de esos planes de ahorro obligado que ofrecen la mayoría de los bancos o descuentos por planilla de pagos de la empresa. He aquí una máxima para ahorrar: Si el dinero presupuestado para ahorrar es descontado directamente de su sueldo, ahorrará más.

A medida que comience a ahorrar, descubrirá algo que los banqueros saben hace mucho: los beneficios del interés, el dinero que trabaja para usted, no en contra suya.

Examinemos cómo trabaja el dinero para la familia que ahorra. Suponga un ahorro mensual de $100 con 8% de interés acordado por 25 años.

DINERO QUE TRABAJA PARA USTED A 8% DE INTERES

Año	Cantidad ahorrada	Interés ganado	Saldo final
1	$ 1.200	$ 45	$ 1.245
2	1.200	200	2.600
3	1.200	450	4.050
4	1.200	850	5.650
5	1.200	1.350	7.350
6	1.200	2.000	9.200
7	1.200	2.800	11.200
8	1.200	3.800	13.400
9	1.200	5.000	15.750
10	1.200	6.300	18.300
10 años Subtotal	12.000	6.300	18.300
15	1.200	16.600	34.600
20	1.200	34.900	58.900
25	1.200	65.100	95.100
Total	$30.000	$65.100	$ 95.100

Al cabo de los veinticinco años la familia habrá ganado $635 mensuales ¡sólo por intereses! Qué incentivo para empezar a ahorrar.

Para tener incluso mayor incentivo para ahorrar, compare el resultado de gastar $100 más de lo que usted gana cada mes durante 10 años con el de gastar $100 menos de lo que gana cada mes. Si usted gasta $100 más cada mes, *deberá* $23.000; si gasta $100 menos cada mes, *tendrá* $18.300—tremenda diferencia de $41.300 al cabo de diez años!

La diferencia entre gastar de más $100 y ahorrar $100 mensualmente es de $6.50 por día.

Esto ilustra la importancia del compromiso disciplinado para ahorrar. La diferencia entre hundirse en la deuda y caminar sobre la tierra firme del ahorro es cosa de una pequeña cantidad diaria.

El mayor enemigo del ahorro es la *dilación*. Por ejemplo, si usted planifica ahorrar $100 mensuales durante 25 años al 8% anual, reunirá más de $95.000. Sin embargo, mire lo que pasa si decide demorar ese programa un año. Aunque tendrá $100 adicionales para gastar al año, le costará $8.500 en ahorros acumulados al cabo de ese plazo. ¡No espere más, empiece a ahorrar ahora!

INVERTIR

Las inversiones se diferencian del ahorro en que no siempre son de fácil liquidación en dinero contante; representan el esfuerzo constante de proveer para sucesos futuros o como defensa contra la inflación. Por ejemplo, la universidad para los niños y el financiamiento de la jubilación representan gastos futuros que pueden planificarse y financiarse con el ingreso actual.

¿COMO DEBEMOS INVERTIR?

No hay inversión carente de riesgos; y la Escritura no recomienda inversiones específicas. Yo prefiero esparcir el riesgo diversificando las inversiones conforme a estas prioridades: 1) seguro de vida; 2) vocación; 3) casa; y 4) otras.

George Fooshee, en su excelente libro *You can be financially free* (Usted puede ser financieramente libre), dice: "La primerísima prioridad es el seguro de vida porque es la única manera que tenemos, la gran mayoría, de proveer a nuestras familias si ocurriera nuestra muerte. Sea que compre una póliza a plazo fijo o una de vida completa, eso depende del análisis de costos y beneficios que usted efectúe. Hay un excelente artículo al respecto en la revista especializada *Forbes* (marzo 15 1975). Lo que sirve a una persona puede ser inútil para otra.

»Su vocación debe considerarse como la segunda inversión. Su propia educación es una inversión que debe rendir excelentes beneficios durante sus años de trabajo. Un principio bíblico es invertir en sus negocios, lo que será productivo, y después construir su casa: "Prepara tus labores fuera, y dispónlas en tus campos, y después edificarás tu casa" (Proverbios 24:27). Mucha es la gente que hoy cambia este principio. La casa grande que se compra cuanto antes, tiende a consumir gran parte de sus ingresos, de modo que queda fuera de toda cuestión el invertir en la vocación.

»La casa tiene el tercer lugar en esta clasificación. Durante las últimas décadas la casa ha constituido una de las inversiones más provechosas y estables de la familia promedio.

Otras inversiones (el cuarto lugar) son tan variadas como la imaginación. Bienes raíces, petróleo, productos, acciones, bonos, antigüedades, monedas y, virtualmente, todo lo que la gente colecciona. Algunas, como las acciones, los bonos y los bienes raíces, rinden dividendos en forma anual. Otras se retienen esperando que aumenten sus valores a medida que pasa el tiempo.

»Las inversiones que usted efectúe, fuera del seguro de vida, la profesión y la casa, deben ajustarse a sus propios intereses y personalidad. Si usted fue criado en una granja, sabe de productos agrícolas y disfruta al mantenerse al tanto de la situación agrícola, entonces podría desarrollar un interés vitalicio invirtiendo en ese rubro. Esto prodría incluir todo, desde mercancías compradas hasta tierras para cultivos. Si le interesan las acciones, puede especializarse estudiando las empresas que se orienten primeramente a la agricultura.

»Todas estas inversiones que hemos revisado son del tipo que se prestan a la inversión sistematizada. El dividendo mensual que se paga regularmente por la hipoteca de una casa durante veinte años, termina por darle una casa completamente pagada. Las primas anuales del seguro completo de vida no solamente le aseguran en caso de muerte sino que se suman a los valores de la jubilación. En su propia empresa el trabajo fuerte, constante, suele producir un activo sustanciosamente vendible. La clave de la mayoría de las inversiones es apartar sumas regulares para invertirlas en forma sistemática. "Los pensamientos del diligente ciertamente tienden a la abundancia; mas todo el que se apresura alocadamente, de cierto va a la pobreza". (Proverbios 21:5).[7]

EL PELIGRO DE AHORRAR E INVERTIR

A medida que usted vaya logrando sus ahorros le resultará fácil transferir su confianza y afecto en el Dios vivo e invisible a los bienes materiales que tenga. El dinero va a competir ciertamente exigiendo su confianza y atención. El dinero tiene tanto poder que es fácil dejarse engañar pensando que el dinero suple nuestras necesidades y es nuestra seguridad. El dinero puede volverse nuestro primer amor. Pablo previno a Timoteo sobre esta tentación en 1 Timoteo 6:10-11:

Porque raíz de todos los males es el amor al dinero, el cual codiciando algunos, se extraviaron de la fe.... mas tú ... huye de estas cosas.

Quisiera sugerir un antídoto radical para esta posible enfermedad del amor al dinero: decida reunir una cantidad máxima de ahorro e inversiones.

La cuenta variará de persona a persona. Si usted es soltero o soltera, no tiene cargas familiares, esa cuenta puede ser modesta. Si tiene una familia con necesidades de educación, puede ser mayor. Si usted posee una empresa de cierta categoría que exige grandes sumas de capital, la cantidad puede aproximarse a millones.

Cada uno debe decidir ante Dios cuál será su cantidad máxima. Luego que haya alcanzado su máxima meta, empiece a *compartir* una parte equivalente al ingreso que usted acostumbraba asignar a inversiones y ahorro.

EVITE INVERSIONES RIESGOSAS

El deseo de tener reembolsos grandes, rápidos y sin esfuerzo es la razón primaria para perder dinero en inversiones especulativas.

Hay un mal doloroso que he visto debajo del sol: las riquezas guardadas por sus dueños para su mal; las cuales se pierden en malas ocupaciones, y a los hijos que engendraron, nada les queda en la mano. Como salió del vientre de su madre, desnudo, así vuelve, yéndose tal como vino; y nada tiene de su trabajo para llevar en su mano.

Eclesiastés 5:13-15

La Escritura nos previene claramente para que evitemos las inversiones riesgosas, pero cada año suman miles las personas que pierden dinero en especulaciones de alto nivel que, a veces, resultan ser inversiones fraudulentas. ¿Cuántas veces ha oído de las "ancianitas" que perdieron los ahorros de toda su vida por ponerlos en uno de estos proyectos para enriquecerse rápido? No es nada raro.

Para ayudarle a identificar una inversión potencialmente riesgosa, he confeccionado una lista con ocho beneficios que suelen mencionarse en esos planes:

1. La perspectiva de una gran ganancia está "prácticamente garantizada".

2. La decisión de invertir debe tomarse rápidamente. No habrá oportunidad para investigar cabalmente la inversión o al promotor que la vende.

3. El promotor tendrá un "excelente registro" y le hace "el favor" de permitirle invertir con él.

4. La inversión suele ofrecer el incentivo de atrayentes ventajas tributarias.

5. Poco o nada sabrá usted sobre la inversión en particular.

6. Se dirá muy poco sobre los riesgos de perder el dinero.

7. La inversión no exige ningún esfuerzo de su parte.

8. Va a obtener rápidamente una "hermosa ganancia".

Si una inversión posible presenta una o más de estas "ventajas", debe encender una luz roja de alerta en su mente para que investigue cuidadosa y completamente la inversión antes de arriesgar su dinero.

Antes que participe en cualquier inversión busque el consejo sabio de personas con experiencia en esa clase particular de inversiones.

¡Tenga paciencia! Nunca he conocido a nadie que haya ganado dinero a toda prisa. La diligencia, el estudio, y el consejo son requisitos previos para mejorar sus posibilidades de efectuar inversiones exitosas y para evitar las riesgosas.

PRESTAR DINERO

El asunto de prestar dinero se divide en dos categorías: prestar como inversión para ganar interés, y prestar a una persona necesitada.

Prestar dinero como inversión para ganar interés. Cuando usted deposita dinero en una cuenta de ahorros, le presta dinero al banco y recibe el interés como reembolso. Lo mismo rige si compra un bono, ya sea de empresas privadas o del tesoro de la nación, o si le presta dinero a un amigo que está empezando un nuevo negocio. Usted está prestando dinero para ganar interés.

Creo que la Escritura manifiesta que esto es legítimo y apropiado. Queda claro que era normal cobrar intereses por prestar.

Cuando prestares dinero a uno de mi pueblo, al pobre que está contigo, no te portarás con él como logrero, ni le impondrás usura.

Exodo 22:25

¿Por qué, pues, no pusiste mi dinero en el banco, para que al volver yo, lo hubiera recibido con los intereses?

Lucas 19:23

Su dinero: ¿Frustración o libertad?

Prestar dinero a personas necesitadas. La economía de Dios exige que enfoquemos este aspecto de forma contraria a lo que se acostumbra en nuestra cultura. Leemos en el Antiguo Testamento que los préstamos efectuados a judíos pobres estaban libre de interés.

Leemos en el Nuevo Testamento que no solamente el préstamo debía ser libre de interés sino que el prestamista no debía esperar que se le devolviera.

¿Y si prestáis a aquellos de quienes esperáis recibir, ¿qué mérito tenéis? ... prestad, no esperando de ello nada (Lucas 6:34-35).

Quiero subrayar que los préstamos sin intereses que no exigen pago son para las *necesidades* de alguien: comida, vestidos, vivienda. Yo opino que el préstamo para satisfacer los *deseos* de la persona puede devengar intereses y exigir ser pagado.

Desde el punto de vista de quien presta, no hay diferencia entre dar a alguien necesitado y prestar para su necesidad. En ambos casos el prestamista no gana interés y no espera que le paguen, pero cambia la posición del que recibe el préstamo. La dádiva no requiere pago, pero el préstamo sí. "El impío toma prestado, y no paga; mas el justo tiene misericordia, y da" (Salmo 37:21).

Cuando venga alguien en pos de dinero, ¿cómo saber si darlo o prestarlo? Mateo 5:42 nos dice: "Al que te pida, dale; y al que quiere tomar de ti prestado, no se lo rehúses".

Deje que la persona que viene en busca de los fondos, le diga si quiere un préstamo o una dádiva.

Permítame darle un ejemplo de prestar para que el punto le quede claro. Un amigo mío vino, hace dos años, a pedirme un préstamo para una necesidad personal. Su pedido era una necesidad, de aquellas básicas de la vida. Se lo dije a mi esposa, oramos al respecto, y le prestamos el dinero. En lo que a mí concernía, yo consideré que ese dinero era de él y nunca esperé que me lo pagara. Podíamos continuar nuestra relación de amistad sin sentimientos de culpa ni tensión si él no me podía pagar. A los seis meses, me invitó a almorzar (el préstamo era para comer) y me devolvió el dinero.

Tiempo después ese amigo volvió y me pidió que le diera cierta cantidad para un ministerio en que participaba. Luego de orar, junto con mi esposa, le dimos el dinero. Mi posición no cambió. Seguía sin esperar que me pagaran el préstamo, pero fue la posición de mi amigo la que cambió.

El no está obligado ante Dios a pagar la dádiva.

HERENCIA

¿Debe dejar herencia a sus hijos? Sí. "El bueno dejará herederos a los hijos de su hijos" (Proverbios 13:22).

Usted debe proveer para dejar un legado a su cónyuge e hijos. Sin embargo, puede que no sea sabio dejar gran fortuna a sus hijos si no han sido cabalmente educados en la perspectiva bíblica del dinero y la forma de administrarlo apropiadamente. Andrew Carnegie dijo: "El todopoderoso dólar legado a un hijo es una todopoderosa maldición. Nadie tiene derecho a otorgar tal desventaja a un hijo con la carga de la gran fortuna. El debe encarar rectamente esta pregunta: ¿estará a salvo la fortuna con mi hijo y éste estará a salvo con mi fortuna?"

"Los bienes que se adquieren de prisa al principio, no serán al final bendecidos" (Proverbios 20:21). La juventud que ha sido preparada para administrar bienes con eficiencia es una excepción en la actualidad.

Opino que usted debe proveer una herencia para distribuir a lo largo de varios años o hasta que el heredero madure lo suficiente para manejar con responsabilidad el dinero. Es buena idea probar periódicamente a sus hijos dándoles pequeñas sumas para ver con cuánta sabiduría la usan. Si resultan fieles con esa pequeña suma, serán fieles con cantidades mayores.

TESTAMENTOS

Siete de cada diez de 1.900.000 de norteamericanos que murieron en 1976, carecían de testamento.

Piense lo que esto significa. Morir sin testar, sin un testamento, es caro y despilfarrador de tiempo, aparte de romper el corazón de sus seres queridos. Puede destruir, literalmente, un patrimonio dejado para proveer a la familia.

La Escritura enseña que nada traemos al mundo y nada nos llevaremos cuando muramos, pero *podemos* dejar tras nosotros, precisamente, lo que deseamos, y especificar a quién y cuánto. Si usted muere sin testar, estas decisiones son tomadas por los tribunales. En ciertas circunstancias, el tribunal nombra un tutor (que puede no conocer al Señor) para que críe a los hijos de usted si no ha efectuado esta provisión en su testamento.

Un abogado y su esposa asistieron a un seminario de los que yo doy. Me di cuenta de que ella le daba suaves codazos durante el debate sobre el testamento. Después supe que él no había empleado tiempo para redactar su propio testamento aunque había redactado cientos, hasta el mío.

Sea usted casado, soltero, rico o pobre, tiene que dejar un testamento, pues no sólo sirve para esclarecer cualquier incertidumbre legal sino que, también, sirve para que uno planee sus finanzas mientras está vivo, a fin de poder proteger los intereses de quienes usted desea hereden su patrimonio.

Casi treinta y seis de cada cien mueren antes de la jubilación, así que, no dilate la preparación de su testamento sólo porque es joven, ¡hágalo ahora!

CONTRASTE

La sociedad dice:

Gasta todo lo que ganas. Sin embargo, si debes ahorrar, confíate de los fondos que hayas reunido.

La Escritura dice:"Tesoro precioso y aceite hay en la casa del sabio; mas el hombre insensato todo lo disipa" (Proverbios 21:20).

COMPROMISO

1) Establézcase un patrón de ahorros, empezando lo antes posible en cuanto reciba su próximo sueldo.
2) Haga una cita con un abogado en esta semana para que redacte su testamento.

UNA INVERSION GARANTIZADA

Hace seis años, cuando conocí a Jim Seneff y empecé a asistir a un desayuno semanal con ocho jóvenes, hallé una oportunidad de invertir garantizada. Me impresionó porque eran hombres de negocios astutos y enérgicos, pero, sobre todo, me impresionó la calidad de sus vidas. No sabía cuáles eran sus posesiones, pero las quería en mi cartera fuera lo que fuera.

En esa época yo era el dueño de un restaurante de éxito, me había casado con la muchacha de mis sueños y vivía en una casa hermosa. Tenía todo lo que pensaba me daría felicidad y una sensación de realización real, pero, por alguna razón, no tenía ni una ni otra y sentía que me faltaba algo.

Me quedé atónito al saber que estos hombres se calificaban de cristianos abiertamente. Con toda franqueza diré que era justamente lo más negativo que podían haber elegido para identificar como fuente de su posesión más preciada. Yo había crecido yendo a la iglesia con frecuencia, pero, de alguna manera, me perdí de oír acerca de esos bienes de los cuales ellos hablaban: la relación íntima y personal con Jesucristo, el Hijo del Dios vivo.

Un amigo de ellos se tomó el tiempo para mostrarme cómo podía yo adquirir ese activo y, sinceramente, la transacción parecía totalmente injusta.

Yo había aprendido que cada vez que dos personas se reunían y estaban convencidas de que iban a obtener más de lo que arriesgaban se efectuaba una transacción. Pero, ahora, me ofrecían una relación con Dios y todo lo que realmente había deseado siempre y ¡ era gratis!

Porque por gracia sois salvos por medio de la fe; y esto no de vosotros, pues es don de Dios; no por obras, para que nadie se gloríe.

Efesios 2:8-9

Me costó mucho creer porque llevaba bastante tiempo en el ambiente de los negocios y había aprendido que no hay tal cosa como un "almuerzo gratis", ya que siempre hay un precio que pagar.

Entonces mi amigo me habló de dos características de Dios: la primera, Dios me amaba.

Porque de tal manera amó Dios al mundo, que ha dado a su Hijo unigénito, para que todo aquel que en él cree, no se pierda, mas tenga vida eterna.

Juan 3-16

No podía creerlo: ¡Dios decía que realmente me amaba!

La segunda característica de Dios es que El es santo, lo que significa que es perfecto. Un Dios perfecto no podía tener una relación personal con alguien que no es perfecto también.

Mi amigo me hizo fijarme en mi manera de ser preguntándome si alguna vez había hecho algo que me descalificara para relacionarme con el Dios perfecto, a lo que admití: "Sí, muchas veces". Entonces me dijo que Dios me amaba tanto que proporcionó un camino para que yo estableciera esta relación con El y que eso era por medio de Jesucristo.

Me explicó que Jesús vivió en la tierra durante treinta y tres años y, en ese tiempo, vivió una vida perfecta. Nunca pecó. Esa era la razón por la cual Jesús es tan importante. Dios se hizo hombre en la carne, en la persona de Jesucristo, que fue el único hombre que no pecó. Así, pues, El llenó los requisitos para asumir mis pecados. Como hombre de negocios pude comprender eso: era como el que compra una casa, que debe llenar los requisitos antes de poder asumir la hipoteca. ¡Cristo fue apto!

Lo único que tenía que hacer era pedirle a Jesús que viniera a mi vida y lo hice.

*He aquí, yo estoy a la puerta y llamo; si alguno oye mi voz
y abre la puerta, entraré a él,*

Apocalipsis 3:20

Yo soy muy práctico, como pueden decirlo mis socios; si algo no funciona, lo elimino rápidamente. Puedo decirles que, por propia experiencia, la relación con el Dios vivo es posible por medio de Jesucristo. Nada que yo conozca se compara con el privilegio de conocer personalmente a Cristo. Si usted no sabe si debe o no entablar esta relación, le animo y desafío a que pida a Cristo venir a su vida, y arregle este asunto repitiendo esta sencilla oración.

Señor Jesús, te necesito. Abro la puerta de mi vida y te invito a que vengas a ella como mi Salvador y Señor. Gracias por perdonar mis pecados y darme la dádiva de la vida eterna. Amén.

Nunca estará contento sin una relación con Cristo aunque cumpla cada uno de los principios para llegar a ser un fiel mayordomo.

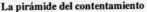

La pirámide del contentamiento

NUEVE
COMPARTIR: LO QUE TENEMOS

Más bienaventurado es dar que recibir.

Hechos 20:35

Nunca olvidaré esa mañana dominguera de tantos años atrás. Era el momento de la colecta y, como siempre, mis pensamientos fluían más o menos así:

"Me pregunto si estoy obligado a dar esta semana... Di $5 la semana pasada".

"Las iglesias siempre están pidiendo dinero. Apuesto que la mayoría no tiene idea de cómo administrar sus presupuestos apropiadamente".

"Mejor que ponga algo en el plato de la colecta, aunque sea un dólar. No quiero que la pareja sentada a mi lado piense que soy tacaño".

Su dinero: ¿Frustración o libertad?

"Me pregunto cuánto da cada semana el señor Pérez. El gana tanto dinero. Parece del tipo que no da mucho".

"Ese programa de televisión anoche, sobre la hambruna en Africa, fue chocante. Me dieron lástima esos niños muriéndose de hambre. Algún día, cuando pueda permitírmelo, trataré de ayudarles".

"Bueno, al menos puedo descontar este dólar de impuestos".

Luego de la colecta, el pastor se limitó a citar un versículo:

Cada uno dé como propuso en su corazón: no con tristeza, ni por necesidad, porque Dios ama al dador alegre.

2 Corintios 9:7

Con tristeza o por necesidad. Con tristeza o por necesidad. Las palabras seguían recorriendo mi mente. Esa era la historia de lo que yo daba.

Llevaba más de dos años siendo cristiano y nunca había sido un "dador alegre" durante ese tiempo; aunque daba la impresión que disfrutaba al compartir, en mi corazón me dolía separarme del dinero que tanto me costaba ganar.

Ocasionalmente daba para aliviar mi conciencia; otras veces, para impresionar a terceros "con eso" que evidenciaba mi estado espiritual. Nunca me había acercado, ni remotamente, a dar con gozo.

Efectivamente, me ponía muy a la defensiva con la mera mención de una colecta. Mi actitud era tan negativa, en parte, por la aparentemente infinita competencia que libraban organizaciones de caridad disputando mi dinero. Esas campañas eran realizadas a menudo con un nivel que rivalizaba con el de las grandes agencias de publicidad.

La mayor razón de mi frustración en compartir era que no se me habían enseñado los propósitos y la práctica de "cómo y cuánto" compartir. Desde que descubrí lo que dice la Escritura acerca de compartir; el Espíritu Santo ha estado cambiando mis actitudes y he comenzado a experimentar el gozo de compartir. Sin duda alguna, compartir ha sido el estudio más liberador de mi experiencia cristiana.

El Antiguo Testamento y el Nuevo Testamento hacen mucho énfasis y destacan el dar sin disculparse.

En efecto, más versículos se refieren a compartir que a cualquier otro tema relacionado al dinero. Hay mandamientos, sugerencias prácticas, ejemplos y exhortaciones referidas a esta faceta de la administración. Por doquier, la Biblia condena la codicia y la avaricia, alentando la generosidad y la caridad.

EL PROPOSITO DE COMPARTIR

Beneficiar al dador es el mayor propósito de compartir. Jesús dijo: "Más bienaventurado es dar que recibir". Podría decirse que dar no es la manera de Dios para levantar fondos sino la forma que Dios usa para levantar hombres. El Señor en su calidad de dueño del ganado de mil collados ha dicho, efectivamente, que ni siquiera necesita nuestro dinero: "Porque mía es toda bestia del bosque, y los millares de animales en los collados"(Salmo 50:10).

El dador se beneficia en tres aspectos cuando comparte: 1) el desarrollo de un carácter santo; 2) cumplir la meta del contentamiento; 3) efectuar inversiones verdaderamente duraderas.

Desarrollo de un carácter santo. El Señor sabe que debemos aprender cómo compartir libremente lo que tengamos si vamos a ser el pueblo que El quiere que seamos; de lo contrario, crecerá nuestro natural egoísmo dominándonos.

"Un caso extremo es el de Howard Hughes. En su juventud fue un típico "playboy", con una gran pasión por las fiestas y las mujeres hermosas, y aborrecía dar. A medida que maduraba y se convertía en heredero de una gran fortuna, se fue volviendo cada vez más tacaño. Hughes permitió que su riqueza creara una creciente barrera entre él y el prójimo. Vivió recluido completamente los últimos años de su vida, volviéndose un solitario dedicado a evitar los gérmenes y las personas".[8]

Agudo contraste es el de George Mueller que, al igual que Hughes, heredó una gran fortuna, pero estableció un patrón vitalicio de compartir generosamente. Su vida se caracterizó por servir las necesidades del prójimo. Compartir es algo que lleva a la vida misma; es el antídoto más efectivo para la enfermedad humana de la codicia. "Que hagan bien, que sean ricos en buenas obras, dadivosos, generosos; atesorando para sí buen fundamento para lo por venir, que echen mano de la vida eterna" (1 Timoteo 6:18,19).

Compartir es esencial para el contento. La costumbre consecuente de compartir es el mejor recordatorio de que Dios es el soberano propietario de todo lo que nos da para que poseamos. De manera que compartir nuestro dinero nos ayuda a acentuar nuestro enfoque en la parte que Dios desempeña y que es la base del contentamiento.

Además, compartir enseña a poner nuestra atención en el Dios vivo.

"Y comerás en la presencia del Señor tu Dios, en el lugar que El escoja para poner allí su nombre" (Deuteronomio 14:23). Una manera efectiva para ayudarnos a comprender la participación de Dios cuando compartimos lo que tenemos es imaginar que uno pone su dádiva en las manos clavadas del mismo Señor Jesucristo.

Dar es invertir. Es un hecho histórico trágico que la gente suele reaccionar en lugar de accionar. Esperamos hasta que el problema se vuelve enorme e inevitable antes de hacer algo al respecto.

En 1905, el doctor John R. Mott decía acerca de esto: "Los norteamericanos tenemos una elección. Podemos dar de nuestra abundancia e invertir mandando mil misioneros a Japón o nos veremos obligados, dentro de medio siglo, a enviar doscientos mil muchachos con armas de fuego y bayonetas".

Le respondimos enviando solamente seis misioneros. No obstante, la predicción de Mott no fue correcta: no fue medio siglo sino sólo treinta y seis años; tampoco fueron doscientos mil jóvenes sino un millón. No fueron solamente armas de fuego y bayonetas, sino la bomba atómica.[9]

¿Aprenderemos alguna vez, como pueblo rico que somos, las lecciones que la historia nos quiere enseñar? EL general MacArthur, a bordo del buque de guerra norteamericano *Missouri* en su alocución dirigida a los observadores de la firma del Tratado de Paz en 1945, comentó que la única manera de evitar otro holocausto como la Segunda Guerra Mundial era por un "nacimiento del espíritu".

Los Estados Unidos de Norteamérica han invertido mil millones de dólares en muchos países como parte de sus esfuerzos por la paz. Esta generosidad de los gobiernos norteamericanos ha fallado grandemente, produciendo desdén y odio en todo el mundo. En última instancia, la compasiva manera de compartir la riqueza puede ser exitosa únicamente cuando también se muestra a la gente la persona de Jesucristo.Solamente por medio de una relación con Cristo pueden cambiar los corazones de los seres humanos.

INVERSIONES ETERNAS

Nuestro Señor también quiere que sepamos que todo lo que compartamos en la tierra se vuelve inversión eterna, que se va acumulando en nuestra cuenta.

Francis Schaeffer lo dijo así: "A menudo se nos dice que no podemos llevarnos las riquezas. Pero no es cierto. Usted se las puede llevar si es cristiano.

»El mismo Jesús dijo:

No os hagáis tesoros en la tierra, donde la polilla y el orín corrompen, y donde ladrones minan y hurtan; sino haceos tesoros en el cielo, donde ni la polilla ni el orín corrompen, y donde ladrones no minan ni hurtan.

Mateo 6:19-20

»Esta declaración debe tomarse literalmente. Jesús nunca emitió meras 'palabras de Dios'. Podemos dejar dinero en terrenos e inversiones, pero lo podemos juntar real y objetivamente en el cielo".[10]

Jesús dice que es como si el dinero dado por fe en Dios fuera cambiado en divisas eternas que son depositadas en nuestra cuenta en el banco del cielo.

Verdaderamente es más bienaventurado dar que recibir.

¿CUANTO COMPARTIMOS?

La sociedad del Antiguo Testamento estaba gobernada por leyes que establecían estrictamente la cantidad mínima para entregar: el diezmo o la décima parte de las ganancias de una persona. Cuando los hijos de Israel desobedecían ese mandamiento, era considerado como robar al mismo Dios. Escuchemos las solemnes palabras del Señor en la época de Malaquías:

Pues vosotros me habéis robado. Y dijisteis: ¿En qué te hemos robado? En vuestros diezmos y ofrendas. Malditos sois con maldición, porque vosotros, la nación toda, me habéis robado.

Malaquías 3:8-9

Además del diezmo, los hebreos eran exhortados a que dieran ofrendas voluntarias.

El Nuevo Testamento edifica aún más sobre la base del diezmo y la ofrenda. Lo primero que agrega es la instrucción de dar "como Dios le haya prosperado".

Cada primer día de la semana cada uno de vosotros ponga aparte algo, según haya prosperado,

1 Corintios 16:2

Segundo, el Nuevo Testamento anima a dar con sacrificio:

Compartir: Lo que tenemos

Asimismo, hermanos, os hacemos saber la gracia de Dios que se ha dado a las iglesias de Macedonia; que en grande prueba de tribulación, la abundancia de su gozo y su profunda pobreza abundaron en riquezas de su generosidad. Pues doy testimonio de que con agrado han dado conforme a sus fuerzas,· y aun más allá de sus fuerzas.

2 Corintios 8:1-3

Fíjese en el gran énfasis puesto para demostrar que los macedonios dieron con tanta generosidad a pesar de no tener abundancia.

Francamente, en nuestra próspera sociedad la persona promedio no se encuentra en una situación tal que tenga que dar haciendo sacrificios. Una familia de nuestro barrio ayuna durante una comida o durante un día por semana y da el dinero que ahorra como una manera práctica de experimentar el dar haciendo un sacrificio personal.

En Marcos 12:43-44 Jesús destacó: "De cierto os digo que esta viuda pobre echó más que todos los que han echado en el arca; porque todos han echado de lo que les sobra; pero ésta, de su pobreza echó todo lo que tenía, todo su sustento". Obviamente, Jesús no se refería a la cantidad, porque ella había dado la moneda más pequeña que existía en aquel tiempo. En la economía de Dios importa más la actitud que la cantidad. Y en ninguna otra parte destaca más la Escritura la importancia de la actitud que en 1 Corintios 13:3: "Y si repartiese todos mis bienes para dar de comer a los pobres ... y no tengo amor, de nada me sirve".

Mi esposa y yo hemos pensado y orado mucho sobre la pregunta de "cuánto" debemos compartir. Hemos llegado a la conclusión que, para nosotros, el diezmo es la cantidad mínima. Entonces, a medida que Dios nos prospera, más grande será el porcentaje de nuestro ingreso que debemos compartir. Le exhorto a que considere, en oración, la cantidad que Dios le llama a compartir.

Hay cosas que me gustan acerca del diezmo. Es un método sencillo y sistemático de compartir. Sin embargo, presenta una trampa posible en la que, a veces, caigo: considerar que el diezmo es solamente otra cuenta que pagar sin reflexionar ni orar sobre su uso.

Creo que hay, efectivamente, una razón del por qué la Escritura no es clara ni exacta sobre cuánto debemos compartir. La decisión que se refiere a la cantidad que da una persona debe basarse en su relación personal con Dios. A medida que la persona procura la guía del Espíritu por medio de una activa vida de oración, compartir se vuelve, súbitamente, en una emocionante aventura.

La familia Abernathy es un ejemplo. Ellos tenían una zapatería. Los miembros de la familia habían estado orando para que Dios les dirigiera con quién compartir. A medida que oraban fueron sintiendo las necesidades de los Wilson, una familia numerosa de su comunidad. Las finanzas eran escasas para los Wilson porque empezaba el año escolar. Los Abernathy decidieron dar dos pares de zapatos a cada uno de los cinco niños Wilson. No sabían que ese regalo era justamente por lo que los niños Wilson habían estado orando.

Una noche, cuando los niños Wilson empezaban a orar por los zapatos, reunidos alrededor de la mesa del comedor, la mamá les dijo: "Ya no tienen que pedir zapatos al Señor. El ha escuchado sus oraciones y las contestó". Y fue sacando del paquete los zapatos, uno por uno.

Cuando hubo terminado, los niños pensaron ¡que Dios era zapatero!

Desearía que ustedes hubieran podido presenciar el entusiasmo y reverencia en la cara de los Abernathy cuando vivieron, de primera mano, cómo Dios les había dirigido en ese reparto por medio del callado misterio de la oración.

¿A QUIEN DAR?

Se nos dice que demos a tres categorías de personas. Las necesidades que Dios pone en el corazón de cada creyente hacen variar la persona y la cantidad que compartimos.

Compartir: Lo que tenemos

La Familia. En nuestra cultura, experimentamos un trágico fracaso en relación a este aspecto de compartir. Los maridos fallan en proveer para sus esposas, los padres descuidan a sus hijos, los hijos e hijas adultos olvidan a sus padres ancianos. Esta negligencia es solemnemente condenada.

Porque si alguno no provee para los suyos, y mayormente para los de su casa, ha negado la fe, y es peor que un incrédulo.

1 Timoteo 5:8

Satisfacer las necesidades de su familia y parientes es la principal prioridad que tenemos en dar, sin que admita compromiso.

Obreros y obra cristianos. La Biblia enfoca en sus páginas el mantenimiento del ministerio. El sacerdocio del Antiguo Testamento tenía que recibir mantenimiento específico (Números 18:21), y el Nuevo Testamento enseña con el mismo vigor el mantenimiento ministerial. Sin embargo, algunos enseñan erróneamente la pobreza para los obreros cristianos. Por eso, muchos son los que creen que deben ser pobres aquellos que están en las diversas formas del ministerio cristiano. Esta posición no es bíblica.

Los ancianos que gobiernan bien, sean tenidos por dignos de doble honra, mayormente los que trabajan en predicar y enseñar.

1 Timoteo 5:17

¿Cuántos obreros cristianos se han visto distraídos de sus ministerios por el inadecuado apoyo? ¿Cuántos obreros cristianos que dedican todo su tiempo al ministerio, han visto destruirse su dignidad por tener que aceptar limosnas y "descuentos para pastores" para poder llegar a fin de mes?

Dios nunca ha pretendido que sus siervos existan a nivel de mera subsistencia. Como alguien dijera: "El pastor pobre y hambriento debe existir solamente entre personas pobres y hambrientas".

La gente suele preguntar a mi esposa y a mí también, si todo lo que damos es por medio de nuestra iglesia local. En nuestro caso, la respuesta es un no. Una gran parte de lo que damos apoya a nuestra iglesia, en particular, porque creemos que debemos apoyar los lugares que atienden nuestras necesidades personales. El resto del apoyo, que destinamos y marcamos para la obra cristiana, va a ministerios más allá de nuestra iglesia local.

Los Pobres. Anoche no me dormí con hambre —nunca me acuesto así. Pero cálculos conservadores indican que hay en el mundo mil millones de personas que se acuestan con hambre cada noche. Ese dato horroriza. Nos hace sentir que náda hay que podamos hacer por este problema tan inmenso.

Los cristianos somos enseñados para dar al pobre. Esta es una importante doctrina destacada por el hecho de que los pobres y los destituidos son mencionados en la mayoría de los versículos que tratan sobre quién va a recibir nuestras dádivas. "El que da al pobre no tendrá pobreza; mas el que aparta sus ojos tendrá muchas maldiciones" (Proverbios 28:27).

Como Rogers Palms observó: "Obviamente, no hay una sencilla respuesta. No tenemos voz en lo que hacen los gobernantes extranjeros, especialmente aquellos que permiten que su propio pueblo pase hambre para exportar comida a las naciones ricas. Siempre pensé que las naciones ricas alimentaban a las pobres, pero, desde 1955, los Estados Unidos de Norteamérica han importando más alimentos desde las tierras del hambre que lo que les ha exportado a ellos".[11] Debemos ser diligentes y creativos para decidir cómo podemos identificar más efectivamente al pobre en nuestro país y en el mundo. Entonces, debemos tomar las medidas adecuadas para satisfacer sus necesidades.

Nuestra familia se ha puesto en contacto directo con gente pobre y también por medio de ministerios directamente destinados a suplir las necesidades de los pobres. Esto nos ayuda a compartir en forma más real dándonos la oportunidad de evaluar la efectividad con que se usan nuestras dádivas.

EL PATRON PARA COMPARTIR

Pablo escribió a los corintios durante su tercer viaje misionero respecto a una colecta prometida para satisfacer las necesidades de los creyentes perseguidos en Jerusalén.

Cada primer día de la semana cada uno de vosotros ponga aparte algo, según haya prosperado, guardándolo, para que cuando yo llegue no se recojan entonces ofrendas.

1 Corintios 16:2

Su comentario proporciona un método práctico para compartir. Llamemos a este patrón "las cuatro P de Pablo": Personal, Periódico, Privado depósito y Premeditado.

Personal es la primera "P" de Pablo. Dar incumbe a cada persona. "Cada uno de vosotros...."; dar es privilegio y responsabilidad de cada cristiano, joven y viejo, rico y pobre. Como Dios siempre asoció el don con el dador, dar es un asunto personal en que cada creyente sostiene una responsabilidad directa e individual ante el Señor.

Hace seis años conocí a un vecino en Orlando que me dejó casi mudo por el placer que experimentaba al dar. Nunca había conocido a alguien así y a medida que crecía nuestra relación, he ido descubriendo cómo él estableció un patrón para dar con gozo. Sus padres compartían generosamente con los necesitados y exigieron que cada uno de sus hijos se formara el hábito de dar desde la infancia. Como consecuencia de ello, disfruta un grado de libertad al compartir que poca gente siente.

Periódico es la segunda de las "P" de Pablo. En la época del Antiguo Testamento se acostumbraba a recoger el diezmo anualmente, pero en la era del Nuevo Testamento compartir se convirtió en un aporte semanal: "Cada primer día de la semana...." Ese aumento en la frecuencia de dar es el remedio de Dios para nuestra irregularidad e indisciplina.

Como familia estamos llegando a apreciar la sabiduría de pasar un tiempo juntos, para agradecer a Dios por proveer para nuestras necesidades y llegar a un acuerdo acerca de a quién o a quienes vamos a dar. A veces descuido este proceso y después de esos momentos me doy cuenta más plenamente de la importancia de la reunión familiar para tomar decisiones sobre el compartir y alabar a Dios por Su consecuente provisión.

Privado depósito es la tercera de las "P" de Pablo. Cuando él escribe a los corintios les alienta a depositar en privado sus fondos: "...ponga aparte algo...."

Hemos tratado de elaborar esto en forma práctica estableciendo una cuenta corriente separada que llamamos "la cuenta del Señor". Luego de decidir cuánto dar al Señor, depositamos el dinero en esa cuenta y de ahí compartimos. El saldo en la cuenta del Señor varía a medida que apartemos y ahorremos y luego compartamos para satisfacer necesidades.

Probablemente, la parte más gratificante de apartar dinero ha sido la emoción entusiasmada de que Dios nos hará darnos cuenta de las necesidades a suplir y luego ser capaces de responder las oraciones de alguien que pasa necesidades.

Premeditado es la última de las "P" de Pablo. Casi cada domingo, desde que soy cristiano, mi esposa me preguntaba: "Querido, ¿cuánto quieres dar esta semana en la iglesia?" Mi respuesta normal era: "Lo que te entusiasme".

Debido a mi actitud desdeñosa y displicente, no estaba en posición de experimentar la bendición para el dador. Para conocer el pleno gozo y cosechar la bendición del compartir, no debe darse descuidadamente.

Cada uno dé cómo propuso en su corazón: no con tristeza, ni por necesidad, porque Dios ama al dador alegre.

2 Corintios 9:7

Compartir debe ser un acto premeditado y deliberado. Debe abarcar pensamiento, planeamiento y oración. Sin embargo, sospecho que muchos creyentes actúan como yo acostumbraba hacerlo —sin pensar nunca acerca del dar hasta que llegaba el momento de la ofrenda.

El supremo ejemplo de la premeditación al dar lo estableció nuestro Salvador: "...el cual por el gozo puesto delante de él sufrió la cruz"(Hebreos 12:2). Sin duda alguna, Su sacrificio es un recordatorio de que dar es propiamente el corazón de la fe cristiana. Dios amó tanto que dio.

CONTRASTE

La sociedad dice: "Más bienaventurado es recibir que dar".

La Escritura dice: "Más bienaventurado es dar que recibir" (Hechos 20:35).

COMPROMISO

Fíjese un tiempo semanal para que se reúna con su familia para conversar y orar sobre cómo van a compartir lo que tienen. Utilice ese tiempo para repasar este capítulo.

La pirámide del contentamiento

DIEZ
PRESUPUESTO:
ESTE AL CORRIENTE
DE LOS HECHOS

Ingreso anual veinte libras. Gasto anual, diecinueve, diecinueve sextos. Resultado, felicidad.
Ingreso anual veinte libras. Gasto anual, veinte libras, diecinueve sextos. Resultado, miseria.

Charles Dickens

El día que visitamos a los Webster, ellos disfrutaban la visita de su primera nieta, Heather. Mientras la observaban jugar, ni siquiera se notaba lo que habían pasado el año anterior.

Ese año había sido de espectaculares catástrofes para ellos. El había sufrió una apoplejía que le había dejado paralizado todo el lado izquierdo, por lo cual había quedado sin empleo. Se vieron forzados a vender su hermosa casa con vista al lago adaptándose a un nivel de vida mucho más bajo.

El departamento limpio y ordenado que llamaban, ahora, su hogar estaba amueblado austeramente. Se notaba que pasaban por momentos difíciles. Ella explicó de esta manera el reajuste: "Nos sorprendimos al darnos cuenta de todas las cosas sin las cuales podemos vivir. Nos vimos forzados a cuidar cada centavo y a seguir un presupuesto estricto".

Estaban de espaldas contra una barrera económica y respondieron economizando donde podían: se arreglaron sin aire acondicionado, ni televisión, limitaron el uso del calentador de agua a media hora diaria —sólo para bañarse y lavar los platos. Estas medidas estaban dando resultados. Pese a un aumento en las tarifas de la luz y el gas, sus cuentas bajaban; por ejemplo, el promedio de luz era sólo de $41.50. Estaban ahorrando más dinero que cuando vivían del excelente sueldo de ingeniero que ganaba él. Sin embargo, durante esos años de gastos fáciles, habían vivido sin las restricciones de un presupuesto.

Ella comentó: "El trauma del desempleo nos obligó a comunicarnos en un aspecto de nuestra vida que había permanecido 'prohibido' durante 'los días buenos de antes'. Hemos aprendido más uno de otro, durante esta adversidad, que en cualquier otro momento de nuestros veintisiete años de casados. Aunque parezca raro, estamos agradecidos de que nos haya sobrevenido esta dificultad. Hay más paz en nuestra familia ahora que durante los años prósperos".

¿QUE ES EL PRESUPUESTO?

Los Webster son la prueba viva de que cuando la familia planifica en qué gastar su dinero, puede estirar ese dinero. Eso es lo que significa un presupuesto: un plan para gastar dinero.

En realidad es sencillo y fácil cuando uno entiende su propósito, sigue un plan que funciona y lo usa para llevar al máximo el ingreso que recibe.

¿POR QUE EL PRESUPUESTO?

El presupuesto hace que el dinero se estire. Cuando el banco notificó al depositante de su cheque sin fondos, la señora replicó, incrédula: "Tiene que haber dinero en mi cuenta; todavía me quedan seis cheques en el talonario".

Igual que ese sorprendido depositante, si uno no tiene un presupuesto escrito, se arriesga a andar flotando a merced de sus finanzas.

No siempre es divertido hacer presupuestos, pero es la única manera de seguir y aplicar lo que uno ha aprendido sobre cómo salir de las deudas, ahorrar y compartir aun satisfaciendo las necesidades básicas. Sin que importe la cantidad del ingreso, la mayoría de las familias tienen problemas para llegar a fin de mes si no disponen de un plan para gastar. Alguien ha dicho: "Los gastos siempre tienden a subir un poco más por encima del ingreso".

Conozco incontables casos así. Siempre, ya sea que una familia esté en el nivel de los $8.000 o de los $80.000 anuales, probablemente antes de acabar el mes se encontrará sin dinero, a menos que tenga un enfoque planificado y disciplinado para gastar.

Usar un presupuesto introduce una actitud de control del gasto, necesaria para cumplir los objetivos financieros.

Hacer un presupuesto da a la familia una oportunidad de trabajar y orar por sus decisiones de gasto. Esto es importante porque 48% de los problemas conyugales más graves son financieros, conforme a los datos de una encuesta reciente de maridos jóvenes. Un juez ha dicho: "La mayor razón de la tasa sin precedentes de divorcios que tiene Norteamérica, es pelear por el dinero". Rara vez veo una familia con problemas financieros donde no haya una real tensión dentro del matrimonio mismo.

Un presupuesto exitoso debe ser un "esfuerzo de equipo". Hacer el presupuesto puede ayudar a que participe cada miembro de la familia para decidir qué comprar y cuáles deben ser las metas de la familia. El presupuesto puede ser una buena herramienta de comunicación entre marido y mujer.

El presupuesto también puede .ayudar a que la familia obtenga el pleno valor del dinero que tiene, sin perder de vista las cosas que sus miembros quieren. Una familia de nuestro barrio había decidido mandar a sus hijos a un campamento de vacaciones de verano por dos semanas cada año. Hace tiempo, cuando planificaban su presupuesto anual en enero, quedó claro que no habría suficiente dinero para que los niños fueran al campamento.

Entonces, se pusieron de acuerdo en que cada miembro contribuiría al "campamento de verano" haciendo un sacrificio: una vez por mes el padre dejó de ir a jugar golf; la madre no se inscribió en su liga de juegos de bolos veraniego y los niños no recibieron regalos de cumpleaños. Usando el presupuesto esta familia pudo anticipar el problema y ajustar sus gastos para permitir que los miembros obtuvieran lo que más querían: en este caso, el campamento de verano.

COMO HACER EL PRESUPUESTO

Nadie que yo haya sabido en dificultades financieras, ha usado un presupuesto. Algunos lo habían confeccionado, pero lo archivaron prontamente. Otros habían hecho un presupuesto irreal que nada proveía para artículos como ropa o atención médica. Un presupuesto es útil solamente si se usa. Debe ser un plan hecho a la medida de cada uno para administrar *sus* finanzas, no las de terceros.

Para establecer un presupuesto, usted necesita solamente una libreta barata de papel de contabilidad, la cual puede comprarse en la mayoría de las librerías. Luego, siga estos tres pasos:

Paso 1—Dónde estamos hoy. La confección de un presupuesto debe empezar con la situación actual. Determine precisamente cuánto dinero gana y cuánto gasta.

Mi experiencia me señala que el gasto tiende a ser significativamente subestimado, particularmente en los que se refiere a comida, ropa, transporte y gastos "varios". Por eso es esencial que la familia lleve durante un mes la contabilidad estricta de cada centavo, a fin de tener un cuadro exacto de lo que realmente gasta.

La manera más eficiente para realizar eso es pagar con cheques todas las compras grandes. Así, pues, que cada miembro de la familia ande lleve consigo una libretita o tarjeta pequeña donde anotar todas las compras con dinero en efectivo que haga. En la noche, anote los cheques girados y las compras al contado en la categoría apropiada del Formulario de presupuesto mensual.

El Formulario de presupuesto mensual que sigue es una guía que usted puede modificar de acuerdo a su situación.

FORMULARIO DE PRESUPUESTO MENSUAL

INGRESO MENSUAL	GASTOS MENSUALES
Salario _____	1. Compartir _____
Intereses ganados _____	2. Impuestos _____
Dividendos _____	(a) A la renta _____
Ingreso por rentas _____	(b) Seguro social _____
Otros ingresos _____	(c) Otros impuestos _____
Total de ingresos _____	3. Ahorros _____
	4. Vivienda
	(a) Dividendo/ Arriendo _____
	(b) Seguros _____
	(c) Impuestos _____
	(d) Mantenimiento _____
	(e) Teléfono _____
	(f) Luz, gas, agua _____
	(g) Varios _____
	5. Comida
	(a) Comer en casa _____
	(b) Salir a comer _____
	6.Vestuario _____
	7. Transporte
	(a) Cuotas _____

Su dinero: ¿Frustración o libertad?

    (b) Combustible   _____

    (c) Mantenimiento   _____

    (d) Varios   _____

8. Seguros

    (a) Automóvil   _____

    (b) Vida   _____

    (c) Salud   _____

9. Varios

    (a) Médicos/Salud   _____

    (b) Educación   _____

    (c) Regalos   _____

    (d) Vacaciones   _____

    (e) Recreo   _____

    (f) Personales   _____

    (g) Varios   _____

10. Reducción de la deuda

    (a) Tarjeta de crédito   _____

    (b) Cuotas   _____

    (c) Varios

Total de gastos   _____

Si su sueldo no es el mismo cada mes (como pasa con los vendedores que ganan comisiones), efectúe un cálculo conservador de su ingreso anual y divídalo entre doce para determinar su ingreso mensual.

Luego llene el Formulario de gastos anuales anotando los gastos en que no se incurre cada mes. Por ejemplo, impuestos a los bienes raíces, seguro del propietario de inmueble, que se pagan anualmente. Divida la prima anual entre doce para llegar al gasto mensual por ese concepto. Este Formulario de gastos anuales le servirá también para recordarles cuándo anticipar esos gastos periódicos.

FORMULARIO DE GASTOS ANUALES 19__

Artículos	Ene.	Feb.	Mar.	Abr.	May.	Jun.	Jul.	Ago.	Sep.	Oct.	Nov.	Dic.
Bienes raíces Impuestos										$300		
Propietario Inmueble Seguro					$225							

Algunos gastos como las vacaciones y reparaciones del automóvil no vencen cada mes. Calcule cuánto gasta en esto anualmente, divídalo entre doce, y llene las categorías apropiadas del Formulario de gastos mensuales.

Armado con esta información puede confeccionar un presupuesto acertado de lo que realmente gasta y gana actualmente. ¡No se descorazone! Casi todos los presupuestos que he visto empiezan con un exceso de gastos respecto al ingreso. Pero hay una solución.

Paso 2 —La Solución. Dónde queremos estar. Para solucionar el problema de gastar más de lo que gana, debe aumentar su ingreso a nivel de sus gastos o disminuir sus gastos a nivel de su ingreso. Eso es así de simple: gane más o gaste menos. No hay otra alternativa.

AGREGUE A SU INGRESO. Un trabajo de media jornada o, mejor aún, un proyecto de toda la familia que los abarque a todos, son maneras de aumentar su ingreso. El peligro siempre presente de aumentar el ingreso es la tendencia de aumentar, también, los gastos. La clave para eliminar este problema es ponerse de acuerdo anticipadamente para emplear todo el ingreso adicional a equilibrar el presupuesto.

Otro problema posible es sacrificar las relaciones familiares para ganar dinero adicional que es valioso solamente si ayuda a que la familia obtenga más de lo que quiere de la vida.

REDUCIR LOS GASTOS. Mi padre trabajaba en el negocio hotelero cuando yo era niño. Tenía un hotel en Florida que atendía a los turistas. El negocio era temporal –durante el invierno florecía y en el verano se marchitaba hasta morir.

El me dice que sólo pensar en el verano le daba escalofríos, pero luego de esos meses de vacas flacas siempre estaba agradecido. El verano le enseñó el hábito de plantearse estas preguntas sobre sus gastos: ¿Cuáles son absolutamente necesarios? ¿De cuáles puedo prescindir? ¿Qué puedo reducir?

Uno puede plantearse las mismas preguntas para su presupuesto personal, a medida que va trabajando la reducción de sus gastos.

He aquí algunas guías para evaluar sus gastos principales. Cuando exceda el porcentaje más alto de cualquier categoría, dése por advertido para que evalúe cuidadosamente sus gastos.

CATEGORIA	PORCENTAJE DEL INGRESO (después de compartir y los impuestos)
Vivienda	20—35%
Comida	15—25%
Transporte	10—15%
Vestuario	4— 8%
Seguros	3— 5%
Salud	3— 5%
Entretenimiento y Recreación	3— 5%
Deudas	0—10%
Ahorro	5—10%
Varios	3— 5%

La mejor manera de reducir los gastos es planificar por anticipado. Decida por adelantado lo que necesita y haga una lista con eso. Al usar la "lista de primeras necesidades" podrá comprar con más sabiduría y evitar comprar por impulsos. Considere estas ideas:

Vivienda:

1) Compre una casa más antigua que pueda mejorar con su propio trabajo, o compre una casa de tamaño modesto que le sirva a sus necesidades actuales, con la idea de ampliarla si necesita más espacio en el futuro.

2) Considere vivir en departamentos por ser menos caros y sin las responsabilidades de jardín, mantenimiento, etcétera.

3) Si puede reparar cosas y hacer el trabajo de mantenimiento como regar y fumigar el jardín, control de insectos, pintura, limpiar alfombras; ahorrará bastante.

4) Disminuya la cuenta de luz, agua, gas, teléfono, limitando el uso de la calefacción, del aire acondicionado, luces, artefactos.

5) Compre con cuidado los muebles y los artefactos de uso doméstico. Las ventas caseras son una buena fuente de cosas domésticas a precio razonable.

Comida:

1) Prepare el menú de la semana. Luego, anote los ingredientes del menú y compre de acuerdo a esa lista. Esto le ayuda a planificar una dieta balanceada desde el punto de vista de la nutrición. Evite comprar por impulso y elimine el despilfarro.

2) Compre una vez por semana. Cada vez que vamos a comprar alguna "cosita" siempre compramos "alguna otra cosita" también.

3) Deje de comprar la comida preparada que es más cara por la mano de obra agregada al precio.

4) Deje en casa a los niños y al marido hambriento. Mientras menos distracciones de la lista, mejor.

5) Los almuerzos de los maridos suelen destruir el presupuesto. Prepare el almuerzo en casa y que lo lleve a la oficina; eso ayuda al presupuesto y a conservar la línea.

6) Reduzca el uso de productos de papel: servilletas, toallas, etcétera que son caras.

Transporte:

1) Si puede arreglarse con un solo automóvil, esto será el ahorro mayor.

2) Compre un automóvil usado, de precio bajo, y manéjelo hasta que las reparaciones se vuelvan muy caras.

3) Mientras más pequeño es el automóvil, más económico es usarlo. Usted paga unos treinta y cinco centavos de dólar al año por usar el automóvil.

4) Haga el mantenimiento de rutina usted mismo: cambios de aceite, lubricación, etcétera El mantenimiento habitual prolonga la vida del vehículo.

5) Si compra un automóvil nuevo, espere hasta que los nuevos modelos sean presentados al mercado. Puede ahorrarse de 5 a 35% en las ventas de fin de año.

Vestuario:

1) Haga una lista de las necesidades anuales de ropa. Compre de acuerdo a la lista, pero fuera de temporada, en las tiendas más económicas y en las ventas caseras.

2) La esposa que sabe coser a máquina puede rebajar a la mitad el costo del vestuario.

3) Compre ropa de estilo sencillo y básico que siguen de moda más tiempo que las modas pasajeras.

4) No compre mucha ropa. Elija uno o dos colores básicos para su vestuario y compre ropa que pueda combinar con otra.

5) Compre telas que puedan lavarse en la casa, porque la tintorería es cara.

Seguros

1) Elija compañías de seguros basado en su *necesidad* y presupuesto; consiga cotizaciones de tres compañías grandes.

2) Optando por una póliza con deducibles reducirá considerablemente las primas.

3) Pida a sus amigos que le recomienden un agente experto, porque un buen agente le puede ahorrar dinero.

Salud:

1) Practique la medicina preventiva. Su cuerpo estará más sano cuando duerma lo suficiente, haga ejercicio adecuado y lo nutra apropiadamente.

2) También practique la higiene bucal apropiada para tener dientes sanos y así rebajar la cuenta del dentista.

3) Consiga recomendaciones de amigos respecto a médicos y dentistas competentes que cobren aranceles razonables.

Recreo y Entretenimiento:

1) Programe sus vacaciones fuera de temporada y elija un lugar no muy lejos de su casa.

2) Busque alternativas creativas antes que el entretenimiento caro; por ejemplo, los picnics en familia, explorar los parques nacionales, etcétera.

CINCO DATOS PARA EL PRESUPUESTO

1) Examine su talonario de cheques todos los meses.

2) Ayuda tener una cuenta de ahorro especial en la cual depositar la provisión mensual para las cuentas que no vencen cada mes. Por ejemplo, si la prima anual de seguro es de $240, deposite veinte dólares en esa cuenta. Este método le asegura que el dinero esté disponible cuando vencen estos pagos.

3) Estamos educados para pensar mensualmente. Entenderá mejor el impacto de un gasto si lo considera anualmente. Por ejemplo, si el marido gasta $2.50 diariamente para almorzar, multiplique eso por cinco días a la semana por cincuenta y dos semanas del año. El total, en este caso, es $650 por almuerzos. Esto le ayuda a prestar atención a gastos que parecen insignificantes.

4) Controle el impulso de comprar. Este va desde comprar automóviles a bocaditos. He aquí una idea para controlar este gasto. Cada vez que sienta el impulso de comprar algo que no está presupuestado, anótelo en una "lista de impulsos" y póngale la fecha. Luego espere treinta días y ore respecto a comprar eso. Si usted es como yo, le garantizo que no comprará, por lo menos, la mitad de los artículos que anotó porque los impulsos no duran. Si no me cree, vaya a mirar qué venden en las casas de su barrio.

5) Es acertado que tanto el marido como la mujer anoten en el presupuesto cierta cantidad para gastos personales. Cada uno debe tener una cantidad para gastarla como les guste. La esposa puede ir a la peluquería y el esposo a jugar

golf tan a menudo como quieran, pero siempre y cuando la renta alcance. Esto elimina muchas discusiones.

Paso 3—¡No se detenga! La tentación más común es dejar de hacer el presupuesto. ¡No se detenga!

Recuerde que el presupuesto es sencillamente un plan para gastar su dinero. No funciona por sí solo. Cada aspecto de su presupuesto será revisado con regularidad para mantener las riendas del gasto. "Con sabiduría se edificará la casa, y con prudencia se afirmará; y con ciencia se llenarán las cámaras de todo bien preciado y agradable" (Proverbios 24:3-4).

Mi esposa y yo comparamos nuestro ingreso real efectivo y los gastos incurridos a mitad de mes con el presupuesto para ayudarnos a "estar al tanto de las cosas". Si nos encontramos gastando demasiado, hacemos ajustes a mediado del mes, disminuyendo nuestros planes de gasto para el resto del mes. Uno debe mantener datos adecuados para comparar el dinero que realmente gasta con su presupuesto.

Habrá frustraciones con el correr del tiempo, pero si usa apropiadamente el presupuesto, se ahorrará miles de dólares. Le servirá para juntar ahorros para la educación de sus hijos y su jubilación. Le servirá para estar libre de deudas. Le servirá a esposo y esposa para comunicarse mejor en un aspecto que constituye la causa principal de conflictos conyugales y esto es aún más importante.

COMPROMISO

Lleve una contabilidad estricta de todos los gastos durante treinta días para determinar su situación actual. Después, planifique un presupuesto adaptado a su ingreso y objetivos personales. Por último, úselo.

La pirámide del contentamiento

ONCE
ETICA: ABSOLUTAMENTE

Cada uno hacía lo que bien le parecía.

Jueces 17:6

En un día claro, corta la respiración la vista que hay desde las oficinas centrales de la United Brands Company, situadas en el piso 44º del Edificio Pan Am, en el medio de Manhattan. Edificios altos, majestuosos, forman un cañón en Park Avenue.

Eli M. Black, presidente de United Brands Company, trabajaba en una de esas oficinas con esa vista, de dieciséis a dieciocho horas diarias. Desde ahí dirigía su empresa multinacional, evaluada en dos mil millones de dólares, llevándola a través de un estricto control financiero plagado de desastres en el año 1974.

Su dinero: ¿Frustración o libertad?

El 3 de febrero de 1975 había pasado lo peor, desde todo los puntos de vista financieros, para Eli Black, de 53 años, que a las 8:20 de esa gris mañana de lunes, cerró con llave las puertas de su oficina, rompió la ventana golpeándola con su portafolio y saltó al encuentro de su muerte. No dejó carta de suicida ni palabra que explicara su muerte.

La muerte de Eli Black suscitó preguntas referidas a él. Además, este hecho volvió a plantear una pregunta significativa sobre el mundo de los negocios. ¿Puede sobrevivir un hombre con elevadas normas morales en el mundo de las finanzas que exige constantemente aumentos de las ganancias?

Eli Black era un rabino de la décima generación. Cuando no pudo conciliar la fuerte norma ética de su educación rabínica con la norma del "fin justifica los medios" que domina el mundo de los negocios, evidentemente no vio otra alternativa que suicidarse.

Como Eli Black, todos nosotros: ejecutivos, empleados, amas de casa, estamos constantemente tentados a cambiar la verdad a nuestro favor. A menudo sabemos qué debemos hacer, pero encontramos difícil resistir lo que hacen "todos los demás".

FUNDAMENTO ETICO

Obviamente, todos necesitamos guías para hacer lo que es recto. La Biblia ofrece un fundamento para tomar decisiones éticas. La piedra angular de este cimiento puede encontrarse en los Diez Mandamientos en general y en el dos, en particular.

No hurtarás.

Exodo 20:15

No codiciarás la casa de tu prójimo, no codiciarás la mujer de tu prójimo, ni su siervo, ni su criada, ni su buey, ni su asno, ni cosa alguna de tu prójimo.

Exodo 20:17

Moisés fundado en los Mandamientos (Exodo 21, 22 y 23) elaboró las leyes de la responsabilidad, restitución y justicia. La ley de la sociedad del Antiguo Testamento gobernaba la ética de los negocios y de las relaciones. Exigía integridad, asegurando a la persona que podía depender de aquellos con quienes trataba.

Jesús agrega en el Nuevo Testamento otra dimensión. Establece una ética que no se preocupa exclusivamente de la legalidad de un acto sino que también considera el motivo e impacto sobre el prójimo. Por ejemplo, puede ser perfectamente legal que uno venda su casa sin decir al posible comprador que tiene un problema que no se ve a simple vista. Sin embargo, su ética cristiana le exige que se lo cuente al posible comprador porque la *gente* es mucho más importante que las *cosas* desde el punto de vista de Dios.

> *Porque: No adulterarás, no matarás, no hurtarás, no dirás falso testimonio, no codiciarás, y cualquier otro mandamiento en esta sentencia se resume: Amarás a tu prójimo como a ti mismo. El amor no hace mal al prójimo; así que el cumplimiento de la ley es el amor.*

Romanos 13:9-10

LA ETICA RELATIVA DE LA SOCIEDAD

El esposo leía el periódico de la mañana mientras su esposa preparaba el desayuno. El comentó: "Mira esto. Otro político fue agarrado con las manos en la masa. Te apuesto que no hay un solo burócrata honesto en todo el país ¡Qué montón de sinvergüenzas!"

Minutos después, el mismo esposo se relamía mientras contaba a su esposa cómo planeaba aumentar su cuenta de gastos, de tal manera que le dieran más dinero que el que merecía recibir.

Ese esposo no se daba cuenta de la incongruencia que existía entre su propia conducta y su disgusto por la deshonestidad ajena. Como se lo dijo a ella: "Al paso que llevan la inflación y los impuestos, uno tiene que ser astuto sólo para

107

sobrevivir. La empresa no lo necesita. Además, todos lo hacen".

La Biblia se refiere a la ética relativa durante un turbulento período de la historia de Israel, en Jueces 17:6: "Cada uno hacía lo que bien le parecía".

Nuestra sociedad se halla en la misma situación.

Aunque usted piense que esa caja de sujetapapeles o ese manojo de lápices que se lleva a casa, son artículos menores, las estadísticas sobre el robo de los empleados revelan que el establecimiento de un patrón deshonesto puede crecer como el cáncer.

1) El robo de los empleados públicos norteamericanos ascendió a $18 mil millones en 1977, conforme a datos de la Secretaría de Comercio. Una década antes era estimado en 3 mil millones.

2) El robo de los empleados crece alrededor de 20% por año.

3) Se calcula que dentro de cinco años, los empleados norteamericanos robarán mil millones de dólares por semana a sus empleadores.

ETICA ABSOLUTA

Aunque nuestra sociedad tolera ese tipo de conducta, el legado cristiano insiste en exigir conducta ética hasta en los asuntos menores.

El que es fiel en lo muy poco, también en lo más es fiel; y el que en lo muy poco es injusto, también en lo más es injusto.

Lucas 16:10

El mayordomo fiel es llamado a ser honesto aun en los menores detalles, porque un pecadito es tan corrosivo para el desarrollo de nuestra manera de ser como un pecado más grande.

Pienso al escribir esto en los múltiples aspectos en que yo fallo al cumplir la norma ética que Dios nos llama a seguir:

la herramienta pedida al vecino que nunca devuelvo; no apagar la luz que no se usa en la oficina sin considerar la cuenta de electricidad que paga mi empleador y la "mentira piadosa" que dije hoy en el trabajo. Los cristianos no debemos tolerar lo que es contra la ética. Esta pauta dista años luz de las normas que rigen en la cultura contemporánea cuya búsqueda de tolerancia produce una ética relativa y ambigua.

No se equivoque, ser ético es una lucha dura pero necesaria si realmente queremos llegar a ser mayordomos fieles.

DIOS NO TOLERA LA DESHONESTIDAD

Un empresario sumamente acaudalado se fue a vivir a una ciudad cercana a ésta.

Este hombre ganaba casi un millón de dólares por año, se movilizaba en limosines con chofer y sus activos eran inmensos.

Se creía que su empresa estaba dedicada al Señor, lo cual daba confianza a las personas para invertir los ahorros de toda su vida en el negocio de este empresario.

Desafortunadamente, la práctica de su negocio era contraria a la ética. Este hombre perdió todo lo que había acumulado debido a una serie de imprevistos reveses financieros sumados a su extravagante estilo de vida.

Estoy convencido de que Dios nos quitará, oportunamente, todo lo que adquirimos en forma deshonesta: Y si en lo ajeno no fuisteis fieles, ¿quién os confiará lo verdadero? (Lucas 16:12).

En realidad, cuando somos inmorales, proclamamos que Dios no es Dios.

Actuamos como si Dios no fuera capaz de proveer exactamente lo que necesitamos. Tratamos de hacer la parte de Dios.

También decimos que Dios es incapaz de descubrir nuestra deshonestidad y que no es bastante poderoso para disciplinarnos.

Yo agradezco a Dios que nos ame lo suficiente para no tolerar nuestra deshonestidad. El sabe que si nos deja sin castigo, se destruiría nuestro carácter y nuestra relación con El.

Richard Halverson lo dijo de esta manera: "Alguien ha definido la conducta antiética como un desvío. Robar es un desvío del trabajo.

»Difícilmente transcurra un día sin que el hombre sea tentado a tomar por algún atajo, en su vida y en su trabajo. A primera vista parece que el desvío es ventajoso. Puede que resulte ventajoso —con alguna rápida y transitoria satisfacción—, pero, a largo plazo, ¡se vuelve cenizas!

»A primera vista su decisión puede parecer necia a la luz de los datos visibles, pero el hombre sabio ha dominado el arte de tomar en cuenta ciertos hechos, los cuales son tan válidos como invisibles. ¡Dios es el mayor hecho que uno debe tomar en cuenta! El hombre que así lo hace es aquel que sale ganando definitivamente. Este hombre fundamenta su vida en la roca de la realidad.

»Los problemas sobrevienen cuando uno no toma en cuenta ni considera a Dios y se va por el desvío. Este hombre ha sido infiel y ha violado su propia integridad, aunque no haya tremendas cosas en juego.

»Si este hombre hubiera tomado en cuenta a Dios para hacer sus cálculos, hubiera sabido que la única manera inteligente de hacer las cosas era la de Dios. ¡Nadie falla cuando está al lado de Dios! Aunque puede parecer que va a lo largo del camino, pero, al final, ¡el saldo favorece claramente al hombre que toma en serio a Dios! Y hasta el resultado final, este hombre es capaz de vivir consigo mismo, porque la paz de Dios gobierna su vida!"[12]

CONTRASTE

La sociedad dice: El fin justifica los medios y todos tienen un precio.

La Escritura dice: "El que es fiel en lo muy poco, también en lo más es fiel".

COMPROMISO

Revise este listado de ética y ore:

1. ¿Pago impuestos sobre todos mis ingresos; y son legítimos todos los gastos?

2. ¿Cuido el patrimonio ajeno como si fuera mío?

3. ¿Acostumbro a decir "mentiras piadosas"?

4. ¿Robo artículos de oficina, estampillas de correo o cualquier otra cosa de mis empleadores?

5. Si me cobran de menos por una compra, ¿doy cuenta inmediatamente?

6. Cuando trato con el prójimo en materia de negocios, ¿cuido sus intereses tan bien como los míos?

Pida a Dios que le muestre cualquier clase de comportamiento inmoral que usted deba cambiar, especialmente en las zonas que no estén muy claras. Este es un aspecto sumamente apropiado para que usted busque un consejero que pueda ayudarle con exhortaciones y manteniéndolo responsable de rendir cuentas.

La pirámide del contentamiento

DOCE
RIQUEZA: LA VIDA REAL Y LA REAL VIDA

La futilidad de las riquezas queda claramente manifestada en dos lugares: la Biblia y el formulario de impuestos.

Nuestra familia es la mejor prueba de que el dinero no hace la felicidad.

Christina Onassis.

El que ama el dinero, no se saciará de dinero; y el que ama el mucho tener, no sacará fruto. También esto es vanidad.

Eclesiastés 5:10

Un joven, Roger Morgan, abandonó el hogar paterno situado en los montes Apalaches cuando apenas entraba a la adolescencia; tenía el firme propósito de hacer fortuna. El dinero se convirtió en su dios, lo primero en su vida y llegó a ser multimillonario. Luego vino la gran depresión económica de la década del 30 y quedó reducido a la miseria total.

Su dinero: ¿Frustración o libertad?

Este hombre se quedó arruinado. Un día, un colega vagabundo lo encontró parado en el famoso Puente de la Puerta de Oro, mirando las aguas de la bahía; y le sugirió que se fueran juntos de ahí.

El millonario arruinado le dijo: "Déjame solo; estoy tratando de pensar. Hay algo más importante que el dinero, pero he olvidado qué es".

Lo que Roger Morgan había olvidado, o quizás nunca conoció, era la perspectiva bíblica de la riqueza y prosperidad. El mayordomo fiel debe entender tres aspectos esenciales de esta perspectiva:

El dinero no conlleva la verdadera felicidad de vivir. "Salomón, el autor de Eclesiastés, tenía un ingreso anual superior a los $25 millones de dólares. Vivía en un palacio cuya construcción tardó trece años. Era propietario de 40 mil caballerizas. Se sentaba en un trono de marfil recubierto con oro. Bebía en vasos de oro. El menú diario de su hogar abarcaba cien ovejas y treinta bueyes, además de ciervos y aves de caza".[13]

Era evidente que Salomón podía saber si el dinero hace la felicidad, pero no vaciló en decir que las riquezas no producen la verdadera felicidad.

El que ama el dinero, no se saciará de dinero; y el que ama el mucho tener, no sacará fruto. También esto es vanidad. Cuando aumentan los bienes, también aumentan los que los consumen. ¿Qué bien, pues, tendrá su dueño, sino verlos con sus ojos?

Eclesiastés 5:10- 11

Por el contrario, la gran mayoría de los norteamericanos cree que uno puede comprar la felicidad. Hace poco una empresa norteamericana hizo una encuesta que demostró que 70% de los norteamericanos piensan que serían más felices si tan sólo ganaran $37 más por semana. Yo mismo me hallo periódicamente deslizándome hacia esa mayoría —que cae en la trampa del "si tan sólo".

Estaría satisfecho "si tan sólo" tuviera un automóvil nuevo; estaría contento "si tan sólo" viviera en esa casa tan hermosa; sería feliz "si tan sólo" trabajara donde trabaja él. La lista es interminable.

Esta es una pauta que ha integrado mi vida desde que tengo memoria. Ahora que soy cristiano me encuentro agregando el toque espiritual. Digo "si tan sólo... para el Señor". "Si tan sólo" ganara más dinero, entonces podría dar más para el Señor. "Si tan sólo" yo trabajara donde trabaja él, entonces podría llevar más personas a Cristo. Esto sigue constituyendo una lucha en mi vida, aunque disminuye su frecuencia, gracias a Dios.

Dios ha estado guiándome con paciencia y amor para alejarme de este patrón. Lo digo con amor, porque Dios tomó el aspecto de mayor debilidad de mi vida: el dinero y las pertenencias, y me dio el deseo de empezar este estudio y luego me rodeó de personas que me animaron a terminar este libro. Al investigar profundamente la Escritura, mis actitudes y tendencias materialistas han ido cambiando.

La Biblia ofrece un agudo contraste con la actitud del materialista. Alguien lo ha dicho así:

El dinero comprará:
una cama, pero no el sueño;
libros, pero no cerebros;
comida, pero no apetito;
una casa, pero no un hogar;
medicinas, pero no salud;
lujos, pero no cultura;
diversión, pero no felicidad;
un crucifijo, pero no un Salvador.

La riqueza es moralmente neutra, pero peligrosa. Muchos citan mal 1 Timoteo 6:10 para que se entienda que "el dinero es la raíz de todos los males". Pero el dinero puede usarse para el bien o el mal. Puede construir hospitales y escuelas como también financiar el tráfico de drogas adictivas y la guerra.

La raíz de todos los males está en la mente del hombre, no en su dinero. La pecaminosidad es determinada por la actitud de la naturaleza humana, no por la abundancia. La riqueza, por sí misma, no corrompe al hombre si él tiene la perspectiva apropiada.

La Escritura enfoca a muchos hombres que fueron santos y ricos al mismo tiempo. Hombres como Job, Abraham, José, David, Daniel y José de Arimatea, son la prueba de que la persona puede ser rica y seguir manteniendo una íntima relación con Dios.

Sin embargo, cientos de pasajes bíblicos advierten sobre los peligros de la riqueza. El Señor quería que nos diéramos cuenta de la facilidad con que podemos confiar en la riqueza palpable más que en el invisible Dios vivo.

Jesús advirtió: "Ningún siervo puede servir a dos señores; porque o aborrecerá al uno y amará al otro, o estimará al uno y menospreciará al otro. No podéis servir a Dios y a las riquezas. (Lucas 16:13).

Haddon W. Robinson observa: "Servir al dinero es algo muy abstracto. Mi casa, mi automóvil, mis inversiones no significan más para mí que Dios. Pero Jesús *tampoco* dijo que debemos servir a Dios *más* que al dinero. No es adecuado evaluar nuestra vida para saber qué ocupa el primer lugar en ella. La pregunta es si servimos al dinero del todo.

"La disyuntiva es usar el dinero y servir a Dios o servir al dinero y usar a Dios. Sin embargo, pocos son los cristianos que dedican deliberadamente sus vidas al materialismo. La riqueza es engañadora y esclaviza sutilmente, nos advierte Jesús. Igual que el papel matamoscas y la mosca, esta aterriza sobre la pegajosa sustancia pensando que es 'mi papel' sólo para descubrir que el papel dice 'mi mosca'.[14]

Yo he luchado con esto durante toda mi carrera en el mundo de los negocios. Fui atrapado por el entusiasmo de edificar un nuevo negocio y empecé, en forma involuntaria, a evaluar a las personas en términos de lo que ellas podían hacer por mí —no por su valor como personas.

Me encontré pensando mejor de aquellos que eran ricos o estaban en una posición en que podían ayudarme. Sin embargo, confronté mi actitud cuando leí en Santiago 2:4 que juzgar a un hombre por su riqueza muestra que estás guiado por malos motivos.

Había sido atrapado, sin darme cuenta, por el engaño de la riqueza. Tenemos que evaluar consecuentemente nuestros motivos a la luz de la Escritura para evitar esta trampa.

Riqueza y éxito. El éxito en materia de finanzas se logra siendo un fiel mayordomo, dice la Biblia. Obviamente, ésa no es la norma del éxito que usa la mayoría de la gente. Habitualmente se piensa que alguien "triunfa" mientras más riqueza acumula. Se le considera con más éxito en la medida que su casa, su automóvil o su vestuario sean más caros. Esa actitud demuestra que nuestro éxito se relaciona con lo que poseemos.

Sin embargo, conforme a la Escritura, es imposible decir si una persona tiene verdadero "éxito" mirando sus circunstancias externas, sus posesiones o su posición. Si hubiéramos visto a José o a Pablo en la cárcel, a Daniel en el foso de los leones o a Job en su aflicción y pobreza —hombres que perdieron todo— ¿cuántos los hubiéramos considerado triunfadores?

El diccionario define el éxito (del latín *exitus*, de *exire*, salir) 1. Fin o terminación de un negocio o dependencia. 2. Resultado feliz de un negocio, actuación, etc. El concepto de éxito en inglés varía levemente: 1. El grado o medida de alcanzar un fin deseado.

Conforme a la Escritura el fin deseado (resultado feliz) debe ser para nosotros el de llegar a ser mayordomos fieles. Entonces, después de haber cumplido nuestra responsabilidad de ser fieles mayordomos (nuestra parte) es cosa de Dios decidir si nos da o no riqueza (la parte de Dios).

Su dinero: ¿Frustración o libertad?

En el día del bien goza del bien; y en el día de la adversidad
considera. Dios hizo tanto lo uno como lo otro, a fin de que
el hombre nada halle después de él.

Eclesiastés 7:14

Así, pues, puede estar contento en la medida que usted sea un mayordomo fiel, aunque luche a nivel de mera subsistencia o sea fabulosamente rico. En otras palabras, nuestra parte es ser fieles y la parte de Dios es decidir cuál es el nivel de prosperidad en que quiere que vivamos.

CONTRASTE

La sociedad dice: "La riqueza es el instrumento para ser feliz. Debe ser acumulada para nuestra seguridad financiera. La característica que distingue a un triunfador es un sano estado financiero".

La Escritura dice: La riqueza no determina la felicidad. Nuestra seguridad está en el Dios vivo, no en nuestras posesiones. La característica distintiva del triunfador es la fidelidad.

COMPROMISO

Conteste esta prueba de actitudes para ayudarse a determinar si tiene o no la perspectiva apropiada del dinero.

1. ¿Estoy dispuesto a sacrificar mi familia, reputación, conciencia limpia y relación con Dios y el prójimo para tener dinero?

2. ¿Pienso mejor de la gente que es rica?

3. ¿Critico a la gente rica?

4. ¿Qué me aflige?

5. Cuando mi mente divaga y se pone en blanco, ¿qué pienso?

6. ¿Confío en mi dinero para hacer eso que solamente Dios puede hacer?

7. ¿Pienso que sería feliz "si tan sólo" tuviera más dinero, una casa más grande, un automóvil más nuevo o un trabajo mejor?

La pirámide del contentamiento

TRECE
DEJAR HERENCIA: EL ABC DEL DINERO

Aprender a manejar el dinero, paulatinamente, es una parte de la educación del niño que no debe ser dejada por los padres a los profesores, sino que ellos mismos deben dirigirla. Es más fácil adquirir experiencia en cuanto a gastar dinero en el mundo externo, que en las aulas escolares.

Instruye al niño en su camino, y aun cuando fuere viejo no se apartará de él.

Proverbios 22:6

A todos nos preocupa el dinero: cómo ganarlo, cómo ahorrarlo, cómo gastarlo. Sin embargo, rara vez pensamos en qué medida y en qué forma moldeamos la vida de nuestros hijos mediante nuestros valores y costumbres. No se equivoque, las actitudes respecto del dinero y los patrones de gasto que tengamos, en nuestra calidad de padres y madres, influyen profundamente en nuestros hijos e hijas.

Su dinero: ¿Frustración o libertad?

Un buen ejemplo de esto lo constituye Jorge, de unos 35 años, casado, que vino en busca de consejo, pues su esposa insistía en que buscara ayuda o ella pedía el divorcio.

Este hombre no parecía un candidato para tener problemas conyugales. Era agradable, brillante; graduado con honores de la universidad. Desafortunadamente, su inmadurez era desesperante en lo tocante al manejo del dinero.

El problema tuvo su origen en un padre que comenzó desde cero y levantó un conglomerado industrial textil, que valía muchos millones de dólares. El padre de Jorge venía de una familia pobre que luchaba por sobrevivir, por lo que resolvió que las cosas serían diferentes cuando él tuviera su propia familia.

Nada era demasiado bueno o mucho para Jorgito que recibió abundancia de juguetes, campamentos de verano exclusivos, educación en instituciones muy selectas, un automóvil deportivo europeo cuando se recibió en la universidad y, mucho, mucho más.

Su padre se enorgullecía de saber que podía satisfacer cada deseo de su hijo y protegerlo de la dura vida que él había llevado.

Pero las fortunas pueden cambiar rápidamente. La competencia de textiles extranjeros y una encarnizada huelga del sindicato del ramo lo forzaron a presentar la bancarrota de la compañía.

Jorgito no estaba preparado para este cambio de situación. No duraba más de un año en sus trabajos y siguió gastando sin control. Era incapaz de enfrentarse a sus limitaciones económicas.

Análogamente, la mayoría de nuestros jóvenes, de ambos sexos, aprenden a ser indisciplinados para manejar el dinero. Sus padres han descuidado la preparación de ellos para que administren sabiamente el dinero.

Las cosas no debieran ser así. Los padres cristianos están obligados a enseñar a sus hijos la perspectiva bíblica del dinero y la manera de ser fieles mayordomos.

Esa educación requiere dos pasos:

Primero, los mismos padres deben saber los principios bíblicos en materia de finanzas y servir como modelo de ellos. Examine un momento sus actitudes hacia el dinero y cómo acostumbra a gastar. ¿Se da cuenta ahora cómo "copió" inconscientemente de sus padres muchos de sus valores y costumbres?

La manera más importante de influir a nuestros hijos es siendo un buen modelo, porque los niños aprenden principalmente por imitación. El niño aprende a hablar imitando los sonidos que oye de otras personas; aprende a caminar mirando a los adultos y tratando de copiar sus movimientos. En forma similar, la mayoría de las actitudes que nuestros hijos tengan hacia el dinero, se aprenden por imitación inconsciente de los valores y patrones sostenidos por sus padres y madres.

Segundo, los padres deben preparar prácticamente a sus hijos para manejar el dinero de acuerdo a los principios que enseña la Biblia. No hay reglas concretas al respecto sino que ofrecemos algunas guías para que deje una herencia financiera a su hijo. Examinaremos dos aspectos:

1) Administrar dinero—el arte de gastar con sabiduría.
2) Ganar dinero—el valor del trabajo.

El objetivo es enseñar principios bíblicos a sus niños y, luego, preparar las condiciones oportunas para que ellos experimenten en la práctica estos principios. Naturalmente, la preparación debe concordar con la edad y habilidad de aprender del niño.

APRENDER COMO ADMINISTRAR DINERO

La sabia administración del dinero tiene que aprenderse; conocer el arte de gastar sabiamente lleva tiempo y experiencia. Por lo tanto, la educación del niño debe considerar el aprendizaje paulatino del manejo del dinero —esta parte debe ser dirigida por los padres que no tienen que delegarla a los profesores porque las experiencias se adquieren fuera del aula de clases.

Su dinero: ¿Frustración o libertad?

Antes que trate de enseñar a su hijo cómo manejar el dinero, usted tiene que darse cuenta de que el niño aprenderá el arte de la administración del dinero solamente administrándolo en forma concreta. Considere cuatro aspectos:

Pensiones. Dar pensión a los niños es una manera primaria de enseñar las responsabilidades de manejar dinero y pensiones. Esto debe hacerse tan pronto como el niño empiece a ir a la escuela.

La filosofía que subyace en la pensión es doble. En su calidad de miembro de la familia: 1) Cada semana, el niño tiene derecho a recibir una cantidad de su dinero correspondiente al ingreso familiar; 2) El niño es responsable de realizar tareas rutinarias gratis como participante del trabajo familiar: lavar los platos, etcétera.

La cantidad de la pensión variará, por supuesto, conforme a factores tales como la edad del niño, sus necesidades financieras y las circunstancias financieras de la familia.

Sin embargo, la cantidad de la pensión no es tan importante como la responsabilidad de manejarla. Todo esto constituye una nueva experiencia y el niño cometerá muchos errores. No dude en dejar que se cumpla totalmente la "ley de las consecuencias naturales", pues se verá tentado de ayudar a Juanito cuando se gasta toda su pensión en caramelos, el primer día de recibida. A usted no le gustará que Juanito tenga que pasar la semana sin todas las otras cosas que quiere o quizás necesita. No lo saque del apuro. Sus errores serán su mejor maestro.

Los padres deben aconsejar acerca de cómo gastar el dinero, pero su hijo debe tener la responsabilidad de elegir libremente. El exceso de restricciones sirve solamente para reducir sus oportunidades de aprender por propia experiencia.

Los primeros centavos impresionan perdurablemente. Cada domingo por la mañana yo solía ir a la tienda de la esquina con mi hijo para comprarle "algo especial", o sea un paquete de su goma de mascar preferida. A pesar de mis advertencias, el paquete desaparecía en el día.

Cuando empezamos a darle una pensión, decidimos que el niño iba a tener que comprar su goma de mascar. Nunca olvidaré la mirada de pena de su rostro cuando volvió de la tienda con su primera compra que le costó dos semanas de pensión. Me dijo: "¡Papá, esta goma de mascar me costó todo el dinero que tenía!" Ese paquete fue distribuido en porciones con tierno cuidado y duró más de una semana.

Los padres deben aumentar lentamente la pensión, a medida que el niño crece en su habilidad para manejar compras adicionales. El padre de un íntimo amigo acostumbraba a probar periódicamente a sus tres hijos. Le dada a cada uno dinero para su ropa. Si ellos gastaban conscientemente el dinero, comprando al mejor precio posible, el padre sabía que estaban preparados para más responsabilidades y pensiones mayores. Pero si alguno de los niños gastaba el dinero en forma frívola, el padre sabía que ese niño tenía que madurar más antes que su pensión fuera aumentada.

Aprender cómo hacer un presupuesto. El momento apropiado para enseñar a presupuestar empieza cuando los niños comienzan a recibir pensión. Empiece por un sistema simple que consista de tres cajas marcadas por categoría: ahorrar, gastar y compartir. El niño distribuirá una parte de la pensión en cada caja cuando usted se le da cada semana. De este modo se establece un presupuesto sencillo usando el control visual. Hasta un niño de seis años puede entender este método porque cuando no hay más dinero para gastar, la caja queda vacía.

Cuando el niño llega a los nueve o diez años, ya tiene suficiente edad para darle a conocer el presupuesto familiar y participar en las decisiones que inciden en el presupuesto. Esto entusiasmará al niño que comprenderá que crece porque puede participar en hacer planes para gastar el ingreso de la familia. Empezará a darse cuenta de que cada miembro tiene responsabilidad de gastar en forma reflexiva sin que importe quién provee el ingreso. Le ayudará a darse cuenta del alcance y limitaciones del ingreso familiar y de cómo estirar el dinero para satisfacer las necesidades de·la familia.

Al principio, el niño pensará con frecuencia que la familia tiene tanto dinero que es imposible gastarlo todo. Para ayudarle a comprender el presupuesto, convierta el ingreso de la familia en un saco de monedas de baja denominación. Póngalas sobre la mesas cuando llegue el momento de hacer el presupuesto de la familia y divida la pila del "ingreso" en las diversas pilas del "gasto" que representan las categorías del gasto familiar. Suele ser difícil para el niño entender bien los números debido a que son abstractos, de modo que con esta táctica de las monedas dispondrá de una manera concreta para ayudarles a entender el presupuesto familiar.

Al entrenar a sus niños en cómo hacer un presupuesto, la meta será ir aumentando paulatinamente la responsabilidad de ellos hasta que sean independientes para manejar el dinero. Vea la sección "Estrategia para la independencia" que está al final de este capítulo para contar con algunas guías referidas a los niveles de responsabilidad que puede esperarse que tengan los niños de diversas edades.

Aprender a ahorrar e invertir. La disciplina de ahorrar debe establecerse tan pronto como el niño comience a recibir pensión. Abra una cuenta de ahorro a nombre del niño en cuanto él o ella puede aprender a entender el concepto de ganar intereses. A medida que va madurando también debe conocer los diversos tipos de inversiones: acciones, bonos, bienes raíces, etcétera.

Además es apropiado enseñar el costo del dinero y lo difícil que es salir de las deudas. Un amigo contaba lo que pasó cuando le prestó a su hijo e hija el dinero para comprar bicicletas. El escribió un convenio de crédito con un esquema de pago incluyendo el interés por cobrar. Luego de haber podido pagar el préstamo por medio de un proceso largo y difícil, la familia lo celebró con la ceremonia de la "quema de la hipoteca" y un picnic. Este amigo contaba que sus hijos han apreciado esas bicicletas más que cualquier otra cosa que tengan y que han prometido evitar endeudarse en el futuro.

Aprender a dar. EL mejor momento para adquirir el hábito personal de dar es la juventud. Un capellán del Senado norteamericano, el doctor Richard Halverson, legó esta rica herencia a su hijo Chris cuando éste era apenas un niño. Chris y su hermano empezaron a sustentar con dinero, por medio de la organización Visión Mundial, a Kim, un huérfano coreano que había quedado ciego y manco durante la guerra de Corea. Chris aprendió que el coreano era como un hermano adoptado y para una Navidad le compró una armónica, la cual constituyó la primera pertenencia personal que hubiera tenido el huerfanito. Kim atesoró este regalo de su hermano y aprendió a tocarla bien.

En la actualidad, la presentación del evangelio que efectúa este evangelista contempla la ejecución de la armónica. Por haber sido enseñado a dar desde niño, Chris experimentó de primera mano el valor de satisfacer las necesidades del prójimo y ver a Dios cambiando las vidas como el resultado de dar con fidelidad.

APRENDER COMO TRABAJAR

El trabajo es un elemento esencial para llegar a ser un mayordomo fiel. Por eso los padres tienen la responsabilidad de enseñar el valor y las destrezas del trabajo a sus hijos. Si el niño responde y aprende cómo trabajar con la actitud apropiada, entonces no solamente habrá dado un paso para hallar satisfacción, sino que tendrá aceptación en el mercado laboral. Cuesta mucho encontrar buenos empleados. Evidentemente, es importante que los niños aprendan la dignidad y el hábito del trabajo. Para ello es esencial tener un plan esmerado y un programa definido.

Cuatro son los aspectos a considerar en este punto:

Dé a conocer su trabajo a sus hijos. Hasta no hace tanto tiempo la mayoría de los hijos participaban activamente en aportar al ingreso familiar. Aprendían rápidamente la responsabilidad y el valor del dinero. Sin embargo, eso pasa muy rara vez en la actualidad. Me sorprende conocer muchos niños que ignoran totalmente cómo sus padres o madres se ganan el ingreso familiar.

Hace varios años alguien que asistía a un seminario dijo que él había preguntado a su padre que hacía en su trabajo, a lo que éste respondió: "Hago dinero". Y esta persona comentó que: "Durante mucho tiempo pensé que mi papá fabricaba realmente dinero. Mamá también le preguntaba cuánto había sacado en la semana y yo pensaba que él era realmente especial al ser capaz de hacer todas esas letras y dibujos artísticos con tanto detalle".

Una importante manera de enseñar el valor del trabajo a un niño es ponerlo en contacto con los medios de ganarse la vida que tienen los padres. Si sus hijos no pueden visitarlo en su trabajo, por lo menos, dése el tiempo para explicarles en qué consiste. Los hijos de padres que manejan sus propias empresas deben ser alentados a participar activamente en las mismas.

Aprender responsabilidades rutinarias. La mejor forma para que un niño llegue a ser un fiel mayordomo en su trabajo es formar el hábito de ejecutar tareas domésticas diarias que no reciben, pago pues se espera que cada miembro de la familia las realice. Por ejemplo, mis padres nunca me pagaron por sacar la basura; mi esposa y mi hijo no reciben pago por lavar los platos. Esas tareas deben ser rotativas para que sean variadas.

Ganar dinero extra. Usted debe animar a su hijo o hija para que realicen tareas extras para ganar dinero. Una regla de sentido común que puede aplicar es pagar al niño un salario justo por el trabajo realizado, para el cual usted hubiera tenido que contratar a alguien. Por ejemplo, si tiene que lavar el automóvil, que lo haga el niño. Usted dése por contento de pagar a su hijo en lugar de al hombre del lavado de automóviles.

Anime a su hijo a que consiga un trabajo en que dependa de terceros. Repartir periódicos, cuidar bebés, tareas de portero, atender mesas en un restaurante, son tareas todas que sirven para enseñar al niño. Un trabajo da al niño la oportunidad de entablar una relación empleado-empleador y ganar dinero extra.

Cuando su hijo pase a la enseñanza secundaria, es aconsejable suspender la pensión durante las vacaciones de verano. La idea es que se motive a ganar su propio dinero trabajando en ese tiempo. Algunos estudiantes pueden, efectivamente, trabajar una jornada parcial durante el año escolar. Sin embargo, si su hijo no es de éstos, anímelo a dedicar todo su tiempo a estudiar.

El objetivo de preparar a su hijo respecto al valor del trabajo es el de edificar y disciplinar su carácter. Un niño que trabaja con la actitud apropiada será un individuo más satisfecho. Crecerá respetando más el valor del dinero y lo que significa ganarlo.

EXCESO DE CONSENTIMIENTO

Cuando se trata de dinero los padres siempre van por la cuerda floja tratando de mantener un equilibrio adecuado. Pueden, muy fácilmente, ponerse mezquinos con el dinero, pero, con más frecuencia, consienten excesivamente a sus hijos, y obstaculizan el desarrollo del carácter de los mismos, especialmente si viven en culturas prósperas.

¿Cuántos conocemos a un padre que de niño vendió periódicos para poder tener una bicicleta y ahora su hijo guía un automóvil deportivo?

Evidentemente el excesivo consentimiento en materia de dinero resulta destructor. Destruye la necesaria iniciativa y motivación. Crea la tendencia a esperar que se le den todas las cosas sin tener que dar nada en retribución.

ESTRATEGIA PARA LA INDEPENDENCIA

Conozco un matrimonio que tiene cuatro de los niños más maduros y responsables que he conocido. La estrategia que han usado ha sido la de dedicarse en forma tal que cada niño maneje independientemente sus propias finanzas (salvo el dinero de comida y vivienda) cuando llegan al final de la enseñanza media. De esta manera han estado a mano para aconsejar y advertir a los niños a medida que iban formando sus patrones de gastos y aprendían a decidir en materia de gastar. Pienso que esta estrategia tiene sabiduría.

He aquí algunas guías amplias sobre las responsabilidades que pueden desempeñar los niños de diversas edades. La meta es la administración independiente del dinero cuando llegan al último año de enseñanza media. Recuerde que cada niño es único y que éstas son solamente sugerencias para que usted tenga una guía elemental.

MENORES DE 6

Pensión: Usada para comprar cosas pequeñas como juguetes, libros y afines.

Presupuesto: Use el sistema de las tres cajas (compartir, ahorrar y gastar).

Ahorros: Abra una cuenta de ahorro a nombre del niño y haga que deposite algo cada mes.

Trabajo: Hacer tareas domésticas de rutina y conocer el trabajo de los padres.

DE 6 A 9 AÑOS

Pensión: Para pagar los almuerzos en la escuela, algunos artículos escolares, algo de juguetes o recreación, regalos para otras personas.

Presupuesto: Seguir usando las tres cajas complementadas con un presupuesto sencillo por escrito.

Compartir: Ampliar la visión del niño para compartir en una situación que él pueda conocer personalmente.

Ahorrar: Dar un incentivo al niño para que ahorre para una bicicleta u otra cosa que exija ahorro constante.

Trabajo: Empiece a pagar algunas tareas adicionales que el niño realice en la casa.

DE 9 A 16 AÑOS

Pensión: Para pagar todo lo anterior más equipo deportivo, eventos especiales y algo de ropa.

Presupuesto: Use un presupuesto más complicado, por escrito, junto con las cajas.

Ahorrar: Anime al niño a iniciar sus ahorros para un futuro auto, o para sus necesidades educacionales.

Trabajo: El niño puede empezar a trabajar para otras personas, por ejemplo cuidando bebés, cortando el césped, etcétera.

Compartir: Anime al niño a que comparta con una misión extranjera de la cual pueda aprender por medio de contactos personales.

DE 16 A 18 AÑOS

Pensión: Para pagar toda la ropa, corte de pelo, actividades escolares, necesidades de transporte y recreación.

Presupuesto: Use un presupuesto escrito junto con una cuenta corriente.

Compartir: Anime al niño a que participe en un proyecto local donde él pueda hacerlo.

Ahorrar: Ahorre para sus necesidades educacionales y para futuras reservas. Que vaya conociendo los diferentes tipos de inversiones y préstamos.

Trabajo: Que empiece por un empleo a jornada completa durante el verano y a jornada parcial o por los fines de semana durante el año escolar.

CONTRASTE

La sociedad dice: No exija a sus niños que se formen en la disciplina de administrar dinero o de trabajar fuerte.

La Escritura dice: Los padres tienen la obligación de preparar al niño para que sea un mayordomo fiel y sabio administrador de dinero.

COMPROMISO

Los cónyuges deben evaluar lo que están aprendiendo sus hijos sobre el manejo del dinero y el trabajo. Establezca un programa para preparar a sus hijos para que sean fieles mayordomos.

La pirámide del contentamiento

CATORCE
TRABAJO: EN POS
DE LA EXCELENCIA

La pereza, igual que el orín, consume más rápido de lo que agota el trabajo.

Benjamín Franklin

La diligencia es la madre de la buena suerte.

Cervantes

Y todo lo que hagáis, hacedlo de corazón, como para el Señor y no para los hombres.

Colosenses 3:23

Allen Hitchcock, a los veintinueve años, ya se sentía atrapado. Llevaba trabajando seis años como empleado de una gran tienda. Era competente, recibía un sueldo moderado por su trabajo, pero, al mirar a su alrededor, veía que aquellos ascendidos a jefaturas tenían educación universitaria. Allen anhelaba llegar a desempeñarse en una jefatura.

Así, pues, estudió de noche para terminar la universidad con un título de administración de empresas; pronto llegó el ascenso a subjefe con mucho mayor sueldo.

Los primeros años como jefe fueron tal como se los había imaginado: horarios razonables, buen sueldo y atractivas regalías. Luego, de repente, sobrevino lo inesperado.

La compañía se amplió hacia la Florida y esta familia tuvo que mudarse. El programa de ampliación estableció plazos de cumplimiento inamovibles; Allen tuvo más responsabilidades.

Primero disfrutó la excitación de este desafío, pero, muy pronto, vio que su semana de cinco días se volvió prontamente de seis y su horario normal de ocho horas diarias se estiró a catorce. Para colmo, su nuevo supervisor era tan exigente que Allen empezó a sentir una tensión auténtica en su trabajo.

Ahora tenía que hacer mucho más y cumplir más responsabilidades, pero ya no le pagaban las horas adicionales, por lo que su sueldo era el mismo. Así comenzó a crecer su resentimiento contra el empleador y a preguntarse si la jefatura valía la pena dadas las presiones que suponía.

Las frustraciones laborales de Allen no son un hecho aislado. Muy pocos son quienes están completamente satisfechos con sus trabajos. El elevado nivel de descontento es atribuible al aburrimiento, la falta de realización, el miedo de quedar cesante, las remuneraciones inadecuadas, el exceso de trabajo e incontables presiones de variada índole. Estas frustraciones son las mismas, independientemente de la profesión u ocupación, para médicos, dueñas de casa, secretarias, vendedores, obreros y jefes.

La persona promedio en el término de unos cincuenta años de vida laboral pasa 100.000 horas trabajando. La mayor parte de la vida adulta está dedicada a trabajar, pero, habitualmente, el trabajo conlleva insatisfacción. Quizás no hay otro dato estadístico que muestre mejor el descontento de los norteamericanos que el referido a sus tendencias a cambiar de trabajo. Una encuesta reciente ha señalado que el norteamericano promedio cambia de trabajo cada cuatro años y medio mientras que la norteamericana lo hace cada tres años.

Muchos se limitan a tolerar sus trabajos ignorando que veinticinco por ciento de sus vidas están dedicadas a un trabajo desagradable. Por otro lado, hay personas que aman tanto el trabajo que descuidan las otras prioridades de la vida.

La gente suele inclinarse a uno de estos dos extremos: unos trabajan lo menos posible porque el trabajo es desagradable; otros tienden a trabajar todo el tiempo porque se les vuelve abrumadoramente importante.

Sin embargo, las Escrituras enseñan que hay un equilibrio en materia de trabajo. Afirman el valor del trabajo, pero enseñan que no tenemos que trabajar excesivamente. El trabajo fue concebido para desarrollar nuestro carácter y para que fuera la senda que nos lleve a vivir una relación más íntima con el Señor y el prójimo, al mismo tiempo que provee para nuestro bienestar material.

Debemos entender lo que enseñan las Escrituras en materia de trabajo para que podamos mantener el equilibrio entre el exceso y la falta de trabajo a la vez que encontramos satisfacción en nuestra diaria labor. Las responsabilidades de trabajar se dividen claramente entre la parte de Dios y la nuestra.

LA PARTE NUESTRA EN EL TRABAJO

Cinco son los principios que sobresalen como responsabilidades de la personal fiel:

Reconocer que el trabajo es esencial. Dios instituyó el trabajo como parte de la creación, aun antes de la caída. "Tomó, pues, Jehová Dios al hombre, y lo puso en el huerto de Edén, para que lo labrara y lo guardase"(Génesis 2:15). A pesar de lo que muchos han pensado, el trabajo no es la consecuencia de la maldición.

Efectivamente, el trabajo es tan importante que Dios da este mandamiento en Exodo 34:21: "Seis días trabajarás, mas en el séptimo descansarás; aun en la arada y en la siega, descansarás".

Pablo es igualmente directo cuando dice: "Si alguno no quiere trabajar, tampoco coma". (2 Tesalonicenses 3:10).

Este principio está en abierta contradicción contra la práctica de nuestra sociedad actual con todos sus sistemas de bienestar y desempleo. Examine cuidadosamente el versículo. Dice: "Si alguno *no quiere* trabajar...." No dice: "Si alguno *no puede* trabajar...." Este principio no se aplica a quienes están físicamente incapacitados sino a quienes pueden hacerlo, pero optan por no trabajar.

La sabiduría de esto es muy real en nuestra familia. Un amigo muy cercano tiene una hermana, de unos treinta y tantos años, que siempre ha sido mantenida por los padres. Ella nunca ha tenido que enfrentar las responsabilidades y dificultades asociadas a trabajar, por eso, es muy inmadura en lo tocante a su vida financiera.

Trabajar fuerte pero sin exageración. La vida de Pablo era un modelo de trabajo intenso: "Pero os ordenamos, hermanos, en el nombre de nuestro Señor Jesucristo, que os apartéis de todo hermano que ande desordenadamente, y no según la enseñanza que recibisteis de nosotros .... debéis imitarnos" (2 Tesalonicenses 3: 6-7)

El trabajo fuerte debe equilibrarse con las otras prioridades de la vida. Nuestra primera y principal prioridad es Cristo: Mas buscad primeramente el reino de Dios y su justicia" (Mateo 6:33). La segunda prioridad es la familia.

Si su trabajo le exige tanto tiempo y energía que usted descuida su relación con Cristo o su familia, entonces está trabajando con demasiada intensidad. Llegado a este punto, debe determinar si el trabajo le exige demasiado o si debe cambiar sus hábitos como trabajador. Si a usted le gusta trabajar, adopte precauciones especiales para resguardarse del olvido de las otras prioridades de la vida.

Reconocer que todas las profesiones y ocupaciones honestas son honorables. Todos los tipos de trabajo conllevan dignidad conforme a las Escrituras. Adán fue agricultor; Abraham, ganadero; José, administrador; David, pastor; Pablo, fabricante de carpas; Jesús, carpintero.

El matrimonio White, en su destacado libro *Your Job, Survival or Satisfaction* (Su trabajo es para sobrevivir o para su satisfacción) se hacen esta pregunta, entre otros aspectos: ¿Es realmente igual la gente? Sí, son del mismo valor ante el Señor, pero no son iguales en sus habilidades y logros. La gente tiene habilidades, destrezas manuales y capacidades intelectuales sumamente variadas. Dios ha dado a cada uno la habilidad de hacer bien ciertas cosas (Romanos 12:6). Debemos reconocer que algunos son más inteligentes o más diestros. Aquí no se trata de "mejor" o "peor" sino solamente de diferente.

¿Denigran los trabajos manuales o los que no requieren educación ni otra preparación? La respuesta es un retumbante ¡no! Bíblicamente es un no. Conforme a los valores sociales es un no. Conforme a los valores humanos es un no. Conforme a la ley es un no. Solamente es sí ante el torcido sistema de valores de una sociedad materialmente corrupta. El valor de la persona no es lo que hace sino quién es. [15]

El trabajo del mecánico de automóviles y el del presidente de la General Motors es igualmente digno en la economía de Dios.

Establecer en forma apropiada las relaciones empleador–empleado.

Empleados: Pablo dice en Colosenses 3:23- 24: "Y todo lo que hagáis, hacedlo de corazón, como para el Señor y no para los hombres; sabiendo que del Señor recibiréis la recompensa de la herencia, porque a Cristo el Señor servís". Se manda que los esclavos trabajen fuerte y alegres para sus amos. En el mundo actual ésta sigue siendo la misma relación empleador–empleado.

Su dinero: ¿Frustración o libertad?

Un buen empleado tiene varias responsabilidades: obediencia, desempeño fiel de las tareas asignadas y la voluntad de trabajar un día entero a cambio de la remuneración del día entero. Algunos empleados nunca consideran que el tiempo que desperdician en sus trabajos, en realidad, pertenece al empleador. Sin embargo, cuando despilfarran el tiempo de su empleador, en esencia, están robándole.

Muchos trabajamos supervisados por personas que realmente no nos agradan. Si estamos comprometidos a ser mayordomos fieles, tenemos que vernos como "trabajando para el Señor"; tal es la actitud que debe gobernar todas las responsabilidades laborales del hombre.

Cuando Jim Seneff estuvo en el ejército, eludió el resentimiento y el descontento al decidir "trabajar para el Señor". Jim pudo estar contento durante todo el tiempo que estuvo en el ejército, porque él sirvió obediente y fielmente sin que importara quién lo mandaba.

Empleadores: "Amos, haced lo que es justo y recto con vuestros siervos, sabiendo que también vosotros tenéis un Amo en los cielos. (Colosenses 4:1). El empleador tiene una responsabilidad aun mayor para sus empleados. Debe ser sensible a sus necesidades, considerar equitativamente sus peticiones y pagarles remuneraciones prontas y justas (Levítico. 19:13).

Los empleadores se concentran con demasiada frecuencia en producir una ganancia a expensas de su personal. Sin embargo, la Biblia señala que el empleador debe equilibrar sus esfuerzos por ganar con un altruista interés por sus empleados.

Ir en pos de la excelencia. "Y todo lo que hagáis, hacedlo de corazón, como para el Señor y no para los hombres" (Colosenses 3:23).

Nuestro trabajo debe ser hecho a un nivel tal que la gente nunca equipare la mediocridad con Dios, pues el Señor no se complace con nada que no sea la búsqueda de la excelencia. No nos exige que seamos "supertrabajadores"... personas de talentos ilimitados que nunca se equivocan. No, el Señor espera que hagamos lo mejor que cada uno pueda.

Un gobernador lo dijo de esta manera: "Nuestra primera responsabilidad es utilizar y movilizar los recursos, la capacidad, el intelecto, el impulso, las ambiciones y todo eso que Dios nos ha dado, para usarlo plenamente ... la primera responsabilidad de ustedes es desempeñarse con el más elevado grado de excelencia".[16]

Debemos limitar nuestras búsquedas a aquellas que podemos manejar con excelencia. El alcance e índole de nuestras actividades debe depender de nuestra capacidad y habilidad individuales.

Un contador que vive donde nosotros vivimos es un hombre simpático: *demasiado* simpático. Cuando alguien le pide que trabaje en algo, acepta invariablemente. Su escritorio está recubierto con trabajo sin terminar. Nada lo termina a tiempo. Tiene la fama de ser un contador mediocre sencillamente porque participa en demasiadas cosas a la vez para hacer ninguna bien.

Yo también tengo una tendencia similar a hacer varias cosas a la vez y, con toda franqueza, no tengo la capacidad de hacer algo en forma excelente cuando mis esfuerzos están fragmentados. Estoy aprendiendo a concentrarme en una cosa por vez. Mi oficina no está tan "atareada" como solía estar, pero la calidad del trabajo ha mejorado notoriamente.

Alguien ha dicho: "Trabaja como para el Señor... ¡el pago no siempre es tan bueno, pero los beneficios de la jubilación son algo fuera de este mundo!" Yo le agrego un beneficio más: la acrecentada satisfacción de hacer el trabajo lo mejor posible según nuestra habilidad.

Así que, cada uno someta a prueba su propia obra, y entonces tendrá motivos de gloriarse sólo respecto de sí mismo, y no en otro.

Gálatas 6:4

LA PARTE DE DIOS EN EL TRABAJO

Aprendimos en el Capítulo 3, (La parte de Dios), que Dios manda todo lo que sucede, hasta las circunstancias de nuestro trabajo. Dios también expresa claramente cuáles son Sus responsabilidades específicas respecto a nuestro trabajo:

1) Dios nos da la habilidad que tenemos. "De manera que, teniendo diferentes dones, según la gracia que nos es dada" (Romanos 12:6).

2) Dios da a cada hombre su medida de inteligencia. "El da la sabiduría a los sabios, y la ciencia a los entendidos"(Daniel 2:21).

3) Dios nos da riqueza. "El te da el poder para hacer las riquezas" (Deuteronomio 8:18).

4) Dios controla nuestros ascensos."Porque ni de oriente ni de occidente, ni del desierto viene el enaltecimiento" (Salmo 75:6).

Una vez que hemos hecho nuestra parte en el trabajo, lo mejor posible según nuestra habilidad, entonces podemos estar satisfechos sabiendo que la prosperidad y el ascenso es decisión de Dios. Pero, como pasó con José en la casa de Potifar, puede haber tiempos en que no prospere, aunque haya sido fiel en mi trabajo. Dios puede elegir prosperarme en mi trabajo, en otros momentos, como lo hizo después con José al designarlo como primer ministro de Egipto.

CONTRASTE

La sociedad dice: Trabaja tan poco como puedas, porque es desagradable trabajar; o, trabaja lo más que puedas, porque tu trabajo es todo lo que importa.

La Escritura dice: Trabaja para el Señor poniéndote la norma de la excelencia. Trabaja fuerte, pero sin exagerar.

COMPROMISO

Evalúe mientras ora sus actitudes respecto al trabajo y su desempeño laboral a la luz de lo que enseña la Escritura. Para ayudarse a descubrir áreas que necesiten cambio, pregúntese lo que sigue:

1) Si Jesús fuera mi jefe, ¿trabajaría más a conciencia?

2) ¿Pienso mejor del presidente de una compañía petrolera que del empleado que vende combustible?

3) ¿Cómo me relaciono con mi empleador, los empleados y colegas de trabajo?

4) ¿Trato de hacer demasiado?

5) ¿Desempeño mi trabajo a un nivel de excelencia?

6) ¿Soy perezoso/a?, ¿trabajo fuerte?

La pirámide del contentamiento

QUINCE
CONTENTAMIENTO: UN SECRETO QUE SE APRENDE Y NO SE GANA

Sean vuestras costumbres sin avaricia, contentos con lo que tenéis ahora; porque él dijo: No te desampararé, ni te dejaré.

Hebreos 13:5

El 1º de mayo de 1976 los Hitchcock alcanzaron su meta de salir de las deudas. Me invitaron a asistir al segundo aniversario de este evento tan especial pues, dos años después, seguían tan agradecidos por su nueva libertad y, lo más importante, porque su matrimonio se fortalecía.

Fue una lucha dura para ellos. Varias veces estuvieron a punto de romper su matrimonio, pero los pilares protectores del mismo eran muy altos. Ellos perseveraron, alcanzaron su meta y, ahora, disfrutaban un matrimonio con más satisfacción que nunca antes.

Su dinero: ¿Frustración o libertad?

Allen y Jean habían descubierto eso que millones de matrimonios han descubierto en el curso de la historia: que la Biblia es el plano para vivir.

Usted aprenderá el secreto del contentamiento al leer y seguir estos principios.

Sé vivir humildemente, y sé tener abundancia; en todo y por todo estoy enseñado, así para estar saciado como para tener hambre, así para tener abundancia como para padecer necesidad. Todo lo puedo en Cristo que me fortalece.

Filipenses 4:12-13

¿Cuál es el secreto del contentamiento? Saber qué exige Dios del mayordomo bueno y fiel, cumplir esas exigencias y, por fe, confiar que el Señor hará Su parte. Fíjese que Pablo dice que habrá contentamiento cuando hacemos todo lo que Dios pide. No se produce contentamiento tan sólo sabiendo estas cosas sino haciéndolas.

Francis Schaeffer lo dijo así: "Estas dos palabras *saber y hacer* se encuentran en toda la Escritura y siempre en ese mismo orden. No podemos hacer hasta saber, pero podemos saber sin hacer. La casa construida sobre la roca es la casa del hombre que sabe y hace. La casa construida sobre la arena es la casa del hombre que sabe, pero que no hace.[17]

Quiero destacar la importancia del saber y del hacer para aprender el secreto del contentamiento. Recordemos a Daniel, el mayordomo fiel:

Entonces los gobernadores y sátrapas buscaban ocasión para acusar a Daniel en lo relacionado al reino; mas no podían hallar ocasión alguna o falta, porque él era fiel, y ningún vicio ni falta fue hallado en él.

Daniel 6:4

Daniel sabía los principios de la fidelidad y los hacía (nada de negligencia ni corrupción) por lo que era un hombre contento, de conciencia limpia ante su Dios y rey —aunque estuviera enfrentado con las circunstancias extremas del foso de los leones.

No conozco cuáles son sus circunstancias; puede que sean fundamentalmente económicas y aparentemente desesperadas, pero, si usted toma la parte de Dios y la suya propia y actúa por fe, puede estar contento con la seguridad de que Dios controla absolutamente toda su situación. Dios puede optar por liberarlo de su "león" como lo hizo con Daniel, o puede que usted tenga que seguir sufriendo como muchos en el coliseo romano.

Daniel estuvo contento, no porque estuviera seguro de que Dios lo salvaría de los leones sino porque sabía que, pasara lo que pasara, era la decisión soberana de su amante y misericordioso Dios. Aprendemos en Romanos 8:28: "Y sabemos que a los que aman a Dios, todas las cosas les ayudan a bien, esto es, a los que conforme a su propósito son llamados".

Cuando uno pasa por momentos difíciles, no es fácil aceptar que de ello resulte algo bueno; pero, en el versículo que sigue al anterior, descubrimos por qué podemos confiar en cualquier situación: "Porque a los que antes conoció, también los predestinó para que fuesen hechos conformes a la imagen de Su Hijo" (Romanos 8:29). Toda situación, aunque sea la más grave, está concebida para prepararnos a estar más íntimamente relacionados con Jesús.

Mientras integraba a mi vida los principios de ser mayordomo fiel, mis negocios se vieron, de repente, interrumpidos.

En esa época estaba dedicado a vender bienes raíces que habían sido de mi familia por años. Yo trabajaba fuerte y a conciencia como nunca antes en mi vida... y no vendí nada durante un año. Hasta intenté vender por precio de oferta nuestro automóvil europeo que valía un dineral y ¡quien lo había comprado, me lo devolvió!

Fue durante esta época de frustraciones que Dios me enseñó una importante lección. Aunque yo sabía los principios de Dios para ser mayordomo fiel y los había aplicado, no había confiado en que el Dios vivo hiciera Su parte. Sabía cuál era la parte de Dios, pero confiaba en los principios, que son buenos, pero no deben ser el objeto de nuestra fe. Nuestra fe debe ser depositada, por entero, en la suficiencia y fidelidad de Jesucristo.

Al año siguiente, cuando por fin empecé a vender esos bienes raíces, me asombró mi despreocupación emocional. Estaba agradecido pero había perdido algo del entusiasmo que previamente me despertaba el negocio.

Yo había experimentado cómo Dios puede dar riquezas o quitarla cuando le place. Yo estaba sencillamente llamado a ser un fiel mayordomo de Sus activos. Estaba aprendiendo a estar contento.

Una autora cristiana describe así el contentamiento en uno de sus libros:

"Semejante a la felicidad, esa meta de la sociedad siempre buscada es siempre evasiva. Sin embargo, el contentamiento es más profundo y más satisfactorio que la felicidad. Es como una tranquila meseta que puede ser internamente alcanzada, aun cuando parece que hubieran pocas razones externas para hacerlo.

»No pretendo que el proceso de aprendizaje sea siempre divertido o fácil, pero el Espíritu de Dios es un maestro cabal y amante y de todos los gozos de la vida, el contentamiento es aquel por el cual estoy más agradecida".[18]

Una vez, un buen amigo me preguntó cuál era la lección más valiosa que yo había aprendido de nuestros seminarios. He tenido tiempo para pensar la pregunta desde entonces; pienso que la lección más valiosa ha sido darme cuenta de que necesitaba repasar consecuentemente las Escrituras. Me di cuenta de esto cuando me preparaba para el seminario. Si hubiera invertido tiempo en estudiar las Escrituras durante las semanas anteriores, hubiera descubierto que yo había sido moldeado, muy sutilmente, por los puntos de vista de nuestra sociedad.

En Romanos 12:2 Pablo presentó este problema y la solución: "No os conforméis a este siglo, sino transformaos por medio de la renovación de vuestro entendimiento, para que comprobéis cuál sea la buena voluntad de Dios, agradable y perfecta".

La única manera que tenemos de renovar nuestra mente (preservar la perspectiva correcta) es exponernos continuamente a las Escrituras.

La Biblia tiene las respuestas para los problemas financieros del sofisticado siglo veinte. Los eternos principios de la Escritura son prácticos para cualquier cultura y en todo siglo.

LAS BIENAVENTURANZAS FINANCIERAS

1) Bienaventurado el hombre que no tiene deudas, pues será libre.

2) Bienaventurado el hombre que busca santo consejo, pues recibirá sabiduría.

3) Bienaventurado el hombre que trabaja como para el Señor, pues se erguirá ante reyes.

4) Bienaventurado el hombre íntegro, pues tendrá la conciencia limpia.

5) Bienaventurado el hombre que ahorra, pues podrá proveer para su familia.

6) Bienaventurado el hombre que comparte con misericordia, pues recibirá misericordia.

7) Bienaventurado el hombre que hace [y sigue] un presupuesto, pues tendrá suficiente para llegar a fin de mes.

8) Bienaventurado el hombre que es un mayordomo fiel y bueno, pues estará contento en toda circunstancia.

PREGUNTAS Y RESPUESTAS

Esta sección trata algunas preguntas frecuentes, y a veces, polémicas. Cuando las Escrituras no responden específicamente la pregunta, les doy mi opinión a fin de estimularlo a pensar.

Pregunta: ¿Se acerca una depresión económica? Si es así, ¿cómo debo prepararme para sobrevivir?

Respuesta: No soy de los que hacen predicciones económicas e ignoro como será la economía de aquí a cinco años. Sin embargo, la mayoría de las naciones del mundo, al igual que los Estados Unidos de Norteamérica, violan los principios de la Biblia para manejar el dinero, particularmente en lo referente al endeudamiento. Creo que uno puede violar continuamente un principio bíblico sin sufrir las consecuencias. No sé si eso sucederá la próxima semana o dentro de veinte años a partir de ahora, pero si no cesamos de violar los principios de las Escrituras, vamos definitivamente a pagar el precio.

La única manera que tenemos de prepararnos para el caos económico es siendo fieles mayordomos: elimine toda deuda, vuélvase excelente en su trabajo, establezca un programa de ahorros e inversiones, comparta generosamente y, luego, confíe en Dios que provee, aun en una depresión económica.

Estoy convencido de que si pasamos por una depresión económica, el mayordomo fiel y contento se erguirá entre la multitud que ha construido su felicidad en las circunstancias favorables. Será una fantástica oportunidad para compartir la esperanza que habita en nosotros.

Pregunta: ¿Cuál es la perspectiva cristiana para pagar los impuestos?

Su dinero: ¿Frustración o libertad?

Respuesta: Este es un estupendo ejemplo del contraste de la sociedad con la Escritura. Evadir a toda costa el pago de los impuestos es lo que manda nuestra cultura; después de todo, el gobierno despilfarra el dinero a cada momento: los importantes ricos de la capital, el fraude del bienestar social, los burócratas, etcétera.

Se construyen industrias financieras completas en torno a la costumbre de evadir impuestos. He visto muchas inversiones vendidas porque su publicidad decía que daban "amparo tributario" y no porque fueran económicamente sensatas.

La línea que separa la evasión tributaria de la anulación tributaria es sumamente fina. Fuerte es la tentación de malversar fondos que legalmente debemos a nuestro gobierno. En los Estados Unidos de Norteamérica se estima cerca a los cincuenta mil millones de dólares por año que se pierden por la evasión tributaria.

No condeno el despilfarro ni los excesos en que incurre el gobierno. En efecto, creo que el ciudadano debe esforzarse por influir al gobierno para que sea más responsable y eficiente, pero la Biblia nos dice que tenemos una responsabilidad adicional de ¡pagar los impuestos y contentos!

Por lo cual es necesario estarle sujetos, no solamente por razón del castigo, sino también por causa de la conciencia. Pues por esto pagáis también los tributos, porque son servidores de Dios que atienden continuamente a esto mismo. Pagad a todos lo que debéis: al que tributo, tributo; al que impuesto, impuesto; al que respeto, respeto; al que honra, honra.

Romanos 13:5-7

Los norteamericanos tienen tanto que agradecer. El gobierno entrega muchos servicios que ellos consideran obvios: autopistas, protección contra incendios, agua potable, etcétera. Así que, deben pagar contentos sus impuestos: esto revolucionó mi actitud y hoy tengo una renovada percepción del contentamiento en la época de pago de impuestos, cuando tantos están descontentos.

Pregunta: ¿Debo endeudarme para comprar un automóvil?

Respuesta: Si puede pague con dinero en efectivo. Sin embargo, la gran mayoría de las personas sencillamente carecen del dinero para comprar un automóvil sin endeudarse. El automóvil es una compra grande y, aproximadamente, dos de cada tres personas se endeudan para adquirirlo.

Si tiene que endeudarse, considere estas sugerencias:

1) Busque el mejor trato para financiar el automóvil. Por lo general, los créditos más caros para esta compra son los distribuidores de

automóviles y las compañías financieras. El crédito menos caro suele ser ofrecido por los bancos cooperativos y los bancos comerciales.

2) Ore que Dios le provea un automóvil bueno, barato para minimizar el endeudamiento o, mejor aún, que le permita comprarlo al contado.

Nosotros necesitamos el año pasado otro automóvil para la familia. Enumeramos nuestra necesidad: una pequeña camioneta en buen estado mecánico que costara menos de $500. Entonces, oramos.

A los tres meses un vecino supo lo que andábamos buscando. El era dueño de una camioneta Datsun con poco recorrido y buen estado. El usaba este vehículo una vez al mes pero ya no podía seguir pagando la prima del seguro.

Compramos la camioneta dejando estipulado que él la iba a usar un día por mes cuando la necesitaba. ¿El precio? ¡$100! Creo firmemente que podemos vivir la realidad de Dios orando respecto a las decisiones de gasto que debemos adoptar y esperar hasta ver Su activa participación para satisfacer nuestras necesidades.

3) Empiece a ahorrar dinero para comprar su próximo automóvil.

Al comprar un vehículo usado y barato, pudimos ahorrar la cantidad que hubiéramos gastado para pagar las cuotas del automóvil. Cada mes depositamos "la cuota del automóvil" en una cuenta de ahorros aparte, hasta reunir suficiente dinero para pagar nuestro próximo automóvil.

Este es sólo uno de muchos métodos para ahorrar. La clave radica en que usted rompa la costumbre de financiar el automóvil *empezando a ahorrar ahora para su próximo automóvil.*

Pregunta: ¿Deben trabajar las esposas?

Respuesta: Esa pregunta es paradójica. Todas las esposas trabajan: dueñas de casa o fuera del hogar. Un estudio realizado por la universidad de Stanford muestra que las esposas que trabajan fuera del hogar, tienen una carga particularmente pesada de setenta a ochenta horas por semana dadas las responsabilidades de sus trabajos *más* las tareas domésticas.

La tendencia de las esposas a conseguir trabajo fuera del hogar aumenta velozmente. En 1947, la proporción era de cinco maridos por una esposa que trabajaba fuera del hogar; hoy es menos de dos a una. Las mujeres participan en trabajos de toda clase debido a múltiples razones, por ejemplo, por un ingreso adicional para sus familias y para expresar su creatividad; las viudas y las divorciadas trabajan para sostener a sus hijos e hijas.

Cuando hay niños pequeños en casa, durante sus años de formación, resulta sabio que la madre se quede en la casa y salga a trabajar solamente en casos extremos.

Su dinero: ¿Frustración o libertad?

Las ancianas ... enseñen a las mujeres jóvenes a amar a sus maridos y a sus hijos, a ser prudentes, castas, cuidadosas de su casa, buenas, sujetas a sus maridos.

Tito 2:4

Proverbios 31 dibuja un hermoso cuadro de la mujer trabajadora que lleva una vida equilibrada con el empuje de su actividad dirigida al hogar. Yo opino que la mujer trabaja no tanto *en* el hogar como *por* y *para* el hogar. Este mismo pasaje no dice que la mujer deba confinarse a la cuatro paredes de la casa sino que debe participar en actividades relacionadas al hogar. Creo que son tres las justificaciones para que la esposa trabaje fuera del hogar:

1) Cuando su sueldo ayuda a satisfacer necesidades de la familia. Muchas veces cuando el marido aún estudia, la esposa trabaja para satisfacer las necesidades de la familia.

2) Cuando son evidentes los talentos profesionales o los dones espirituales y no hay niños en casa.

3) Cuando la creatividad y recursos de los medios de recreación y entretenimiento que utiliza la esposa, más sus talentos, permiten que la familia participe sin ser relegada.

Pregunta: ¿Debe el cristiano declararse en bancarrota?

Respuesta: Cinco de las diez bancarrotas más grandes que hubo en los Estados Unidos de Norteamérica, ocurrieron en la década de los setenta, coronadas por la bancarrota presentada por una de las más grandes cadenas de tiendas. La quiebra llega a personas que ganan apenas $100 semanales, como también a las empresas multimillonarias. Naturalmente, se presentan nueve quiebras personales más que de compañías; hoy las quiebras personales se aproximan al cuarto de millón por año.

Aunque ha ido disminuyendo rápidamente el estigma de la quiebra en los últimos años, creo que la Escritura enseña que la quiebra o bancarrota no es la manera normal de salir de las deudas.

El impío toma prestado, y no paga; mas el justo tiene misericordia, y da.

Salmo 37:21

La Biblia enseña que uno debe pagar sus deudas, pero en forma equilibrada. Si usted fuera propietario o accionista de una empresa en bancarrota, tendría problemas para pagar el endeudamiento total de la misma.

Como método práctico para determinar sus responsabilidades por pagar lo que debe: si estuvo muy endeudado, acumulando una deuda tras otra, debe tener la intención de pagar; si no fue así, como ocurre con un accionista de una empresa que se va a la quiebra, probablemente no sea responsable por el pago de las deudas de la empresa quebrada.

Una vez determinada la responsabilidad, haga todo lo que pueda para establecer un programa de pagos a y con sus acreedores; luego, cumpla ese programa.

Conozco matrimonios que se han visto obligados a presentar la quiebra debido a acreedores que no fueron razonables. Repito, la única responsabilidad del mayordomo fiel es la de hacer nuestra parte, la cual consiste en tratar, con toda diligencia, de pagar lo que debe, evitar la bancarrota y reconocer que la parte de Dios es controlar las circunstancias asociadas a la posible quiebra.

Pregunta: ¿Debe esperar prosperidad el cristiano?

Respuesta: Se dice que John Wesley comentó: "La verdadera religión (la relación personal con Jesucristo) hará que el pueblo de una nación se vuelva más trabajador, honesto, frugal y ahorrativo, todo lo cual resulta en la creación de riqueza".

Pienso que Wesley tenía toda la razón. Los cristianos que siguen los principios de la fiel mayordomía deben esperar prosperidad. Sin embargo, hay cuatro razones por las cuales pueden no prosperar:

Carácter: Dios quiere desarrollar nuestro carácter. José es una ilustración cómo Dios desarrolló el carácter de un hombre quitándole su prosperidad. José pasó por situaciones difíciles aunque había sido fiel, perdió todo lo que tenía mientras Dios edificaba su carácter para prepararlo para el momento en que lo iba a elevar a la posición del segundo hombre más poderoso del reino de Egipto.

También nos gloriamos en las tribulaciones, sabiendo que la tribulación produce paciencia; y la paciencia, prueba; y la prueba, esperanza.

Romanos 5:3-4

Disciplina: Hubo varias veces en la época del Antiguo Testamento en que Dios le quitó la riqueza a la nación de Israel para disciplinarlos y hacerlos volver a él. De manera similar, en los tiempos del Nuevo Testamento, Juan dice a su amigo Gayo: "Yo deseo que tú seas prosperado en todas las cosas ... así como prospera tu alma" (3 Juan 2).

Creo que Dios suspenderá la prosperidad, con mucho amor, si eso nos acerca más a El. Ha sido interesante observar en los últimos años la manera en que varias personas de nuestra comunidad han cambiado sus valores como resultado de dificultades financieras. Al perder sus riquezas, eso les motivó a cuestionarse qué es lo realmente importante en la vida y volverse al Señor.

Nada es seguro en la vida: Tengo un buen amigo, agente de bienes raíces, profesional que trabaja fuerte y que ha hecho de la excelencia su meta. Le pregunté por lo más importante que Dios le había enseñado por medio de su trabajo. Me replicó con voz respetuosa: "Nada es seguro en esta vida excepto el Señor y Su Palabra".

En el día del bien goza del bien; y en el día de la adversidad considera. Dios hizo tanto lo uno como lo otro, a fin de que el hombre nada halle después de él.

Eclesiastés 7:14

Luego prosiguió explicando que la compra de la casa suele ser la mayor adquisición que hará una persona, por lo cual suele haber desbordamientos emocionales.

"Me siento recompensado con sólo cerrar la venta; he aprendido, con intensidad, que no existe la venta segura; pero, precisamente, esta constante incertidumbre de mi trabajo, junto con el darme cuenta de que Dios controla todas las circunstancias, es lo que me ha hecho una persona más relajada y contenta en todos los aspectos de la vida".

Dios puede preferir no prosperarnos: Daniel y Jeremías fueron dos profetas que vivieron durante el período del cautiverio en Babilonia. Cada uno tuvo una posición económica espectacularmente diferente.

Daniel fue primer ministro del imperio babilónico. Debe haber vivido en una casa lujosa, llena de servidumbre, ganado, una remuneración considerable y tenido el más lujoso "carruaje Cadillac"... y Daniel fue un hombre fiel.

Jeremías era pobre; fue arrestado, ridiculizado y empobrecido repetidamente. Sin embargo, también fue un hombre fiel.

Estos hombres fieles estuvieron en un extremo diferente del espectro económico. Dios elige en Su infinita sabiduría y misericordia a cuál de Su pueblo fiel hará prosperar.

Pregunta: ¿Debe tener seguros el cristiano?
Respuesta: El propósito básico del seguro es repartir el riesgo de la pérdida. Examinemos tres tipos de seguros.

1) Seguro de sí mismo —la persona no tiene seguros; rehúsa pagar primas a una compañía de seguros para repartir el riesgo de la pérdida que causa una enfermedad, un accidente o la muerte. Esta persona espera enfrentar las contingencias con sus reservas personales o mediante subsecuente providencia.

2) Seguro comprado —pago de primas a una compañía de seguros para repartir los variados riesgos de la pérdida.

3) Seguro por la fe —confiar en que otros cristianos o la intervención divina, hará provisión en el caso de pérdida.

A menudo hay leyes estatales o contratos similares que exigen seguros. Tenemos que estar sometidos a las autoridades de gobierno y cumplir las promesas que pactemos. Las responsabilidades hacia los acreedores y la familia suelen exigir que tengamos seguros.

Comprar seguros no significa que nos falte la fe.

El concepto de que "Dios es el dueño de todo al cien por ciento" puede llevarnos a la seguridad en sí mismo, pero el concepto de la "mayordomía al cien por ciento" puede llevarnos a comprar seguros.

Pregunta: ¿Qué dice la Escritura sobre mi estilo de vida?

Respuesta: Hoy se habla mucho del estilo de vida; abundan por čientos los libros que enseñan a enriquecerse, habiéndose organizado toda una subcultura para tratar de romper la "tiranía de las cosas" y volver al estilo de vida "sencillo y natural".

Prácticamente, nadie carece de información sobre los detalles exteriores de toda clase de calidad y estilo de vida. Sin embargo, cuando buscamos guías específicas referidas a cuánto debemos tener, la Escritura se calla intencionadamente. La razón es que el estilo de vida bíblico no se interesa principalmente por nuestras posesiones externas.

Sin embargo, creo que a medida que conocemos mejor y más íntimamente a Jesús y Su Palabra, habrá una inevitable distinción entre la manera en que elegimos gastar nuestro dinero y cómo lo gastan quienes están orientados hacia valores totalmente diferentes.

La clave del estilo de vida del mayordomo fiel radica primordialmente en la actitud interior apropiada respecto a su patrimonio y pertenencias. La Escritura nos llama a una realidad interior de nuestra relación con Jesucristo más que a los aspectos prescritos y cantidades o número de pertenencias. La decisión respecto de cuánto debemos tener queda entre el hombre y su Dios.

ESCRITURAS

LA PARTE DE DIOS

I. DERECHOS DE PROPIEDAD

A. Dios es el Creador

Salmo 146:6: " El cual hizo los cielos y la tierra, el mar, y todo lo que en ellos hay; que guarda verdad para siempre".

Isaías 44:24: "Así dice Jehová, tu Redentor, que te formó desde el vientre: Yo Jehová, que lo hago todo, que extiendo solo los cielos, que extiendo la tierra por mí mismo".

Colosenses 1:15-17: "El es la imagen del Dios invisible, el primogénito de toda creación. Porque en él fueron creadas todas las cosas, las que hay en los cielos y las que hay en la tierra, visibles e invisibles; sean tronos, sean dominios, sean principados, sean potestades; todo fue creado por medio de él y para él. Y él es antes de todas las cosas, y todas las cosas en él subsisten".

Apocalipsis 4:11: "Señor, digno eres de recibir la gloria y la honra y el poder; porque tú creaste todas las cosas, y por tu voluntad existen y fueron creadas".

Génesis 1:1-27; Exodo 4:11, 12: 2 Reyes 19:15; 1 Crónicas 16:26; Nehemías 9:6; Job 26:7-14; Salmos 19:1; 33:6-9; 89:11, 12; 94:8, 9: 95:5; 96:5; 102:25; 104:1-26; 119:90, 91; 121:2; 146:6; 148:1-6; 150:1; Proverbios 8:29; 22:2; Isaías 37:16; 44:24; 45:18: 48:12,13; Hechos 7:48-50; 14:15; 1 Corintios 8:6; Colosenses 1:15-17; Hebreos 3:4; Apocalipsis 4:11; 10:6; 14:7.

B. Dios es el dueño

Levítico 25:23: "La tierra no se venderá a perpetuidad, porque la tierra mía es; pues vosotros forasteros y extranjeros sois para conmigo".

1 Crónicas 29:11,14: "Tuya es, oh Jehová, la magnificencia y el poder, la gloria, la victoria y el honor; porque todas las cosas que están en los cielos y en la tierra son tuyas. Tuyo, oh Jehová, es el reino, y tú eres excelso sobre todos. Porque ¿quién soy yo, y quién es mi pueblo, para que pudiésemos ofrecer voluntariamente cosas semejantes? Pues todo es tuyo, y de lo recibido de tu mano te damos".

Salmo 50:10-12: "Porque mía es toda bestia del bosque, y los millares de animales en los collados. Conozco a todas las aves de los montes, y todo lo que se mueve en los campos me pertenece. Si yo tuviese hambre, no te lo diría a ti; porque mío es el mundo y su plenitud".

Hageo 2:8: "Mía es la plata y mío es el oro, dice Jehová de los ejércitos".

1 Corintios 10:26: "Porque del Señor es la tierra y su plenitud".

Exodo 19:5; Levítico 25:23; Deuteronomio 10:14; 1 Crónicas 29:11,14; Job 41:11; Salmo 24:1, 2; 50:10-12; 82:8; 95:3-5; Hageo 2:8; 1 Corintios 6:20; 7:23; 10:26; 2 Corintios 1:22.

II. SITUACIONES

A. Dios controla todas las circunstancias

1 Samuel 2:6-8: "Jehová mata, y él da vida; él hace descender al Seol, y hace subir. Jehová empobrece, y él enriquece; abate y enaltece. El levanta del polvo al pobre, y del muladar exalta al menesteroso, Para hacerle sentarse con príncipes y heredar un sitio de honor. Porque de Jehová son las columnas de la tierra, y él afirmó sobre ellas el mundo".

1 Crónicas 29:11, 14: "Tuya es, oh Jehová, la magnificencia y el poder, la gloria, la victoria y el honor; porque todas las cosas que están en los cielos y en la tierra son tuyas. Tuyo, oh Jehová, es el reino, y tú eres excelso sobre todos. Porque ¿quién soy yo, y quién es mi pueblo, para que pudiésemos ofrecer voluntariamente cosas semejantes? Pues todo es tuyo, y de lo recibido de tu mano te damos".

Salmo 29:10, 11: "Jehová preside en el diluvio, y se sienta Jehová como rey para siempre. Jehová dará poder a su pueblo; Jehová bendecirá a su pueblo con paz".

Escrituras

Salmo 139:1-5, 13-16: "Oh Jehová, tú me has examinado y conocido. Tú has conocido mi sentarme y mi levantarme; has entendido desde lejos mis pensamientos. Has escudriñado mi andar y mi reposo, y todos mis caminos te son conocidos. Pues aún no está la palabra en mi lengua, y he aquí, oh Jehová, tú la sabes toda. Detrás y delante me rodeaste, y sobre mí pusiste tu mano. Porque tú formaste mis entrañas; tú me hiciste en el vientre de mi madre. Te alabaré; porque formidables, maravillosas son tus obras. Estoy maravillado, y mi alma lo sabe muy bien. No fue encubierto de ti mi cuerpo, bien que en oculto fui formado, y entretejido en lo más profundo de la tierra. Mi embrión vieron tus ojos, y en tu libro estaban escritas todas aquellas cosas que fueron luego formadas, sin faltar una de ellas".

Eclesiastés 7:14: "En el día del bien goza del bien; y en el día de la adversidad considera. Dios hizo tanto lo uno como lo otro, a fin de que el hombre nada halle después de él".

Jeremías 5:22: "¿A mí no me temeréis? dice Jehová. ¿No os amedrentaréis ante mí, que puse arena por término al mar, por ordenación eterna la cual no quebrantará? Se levantarán tempestades, mas no prevalecerán; bramarán sus ondas, mas no lo pasarán".

Génesis 45:4, 5, 8; 50:20; Deuteronomio 10:17,18; Josué 14:1, 2; Jueces 7:7, 22; 1 Samuel 2:6-8; 18:14; 2 Samuel 12:7, 8; 1 Crónicas 16:31; 18:6; 22:9; 23:25; 29:11, 12; 2 Crónicas 15:15; 16:9; 20:6, 15; Esdras 7:9; Nehemías 4:15; 6:15, 16; Job 9:1-11; 12:17-25; 28:23-28; 37:6, 7, 10-13; 38:1-41; 39:1-30; Salmos 29:10, 11; 65:9, 10; 74:12-17; 81:10; 83:17, 18; 89:9; 91:1-7; 93:2; 107:23-28, 33-42; 135:5, 6: 139:1-5, 13-16; 147:5, 8, 9, 12, 14; Proverbios 16:1, 33; 29:13; Eclesiastés 7:14; Isaías 1:26; 14:26, 27; 19:11-14; 40:12, 13, 21-29; 41:4; 42:5; 45:4-8, 12, 13; 46:9, 10; 48:15; Jeremías 5:22; 10:12, 13; 31:35; 32:27, 37-42; 33:6, 7; 43:9-11; Ezequiel 11:5; 36:28-30, 36; 39:28; Daniel 2:20-23; 4:34, 35, 37; Amos 4:6-13: Hechos 7:10; 14:16, 17; Efesios 1:4, 11; Hebreos 1:3.

B. Dios controla los ascensos y los éxitos

Salmo 75:6, 7: "Porque ni de oriente ni de occidente, ni del desierto viene el enaltecimiento. Mas Dios es el juez; a éste humilla, y a aquél enaltece".

Daniel 4:17: "La sentencia es por decreto de los vigilantes, y por dicho de los santos la resolución, para que conozcan los vivientes que el Altísimo gobierna el reino de los hombres, y que a quien él quiere lo da, y constituye sobre él al más bajo de los hombres".

Zacarías 4:6: "Esta es palabra de Jehová a Zorobabel, que dice: No con ejército, ni con fuerza, sino con mi Espíritu, ha dicho Jehová de los ejércitos".

Su dinero: ¿Frustración o libertad?

2 Samuel 7:8, 9; 23:1; 1 Reyes 2:24; 10:9; 16:2; 2 Reyes 9:6; 1 Crónicas 11:9; 17:7-10; 28:4; 2 Crónicas 1:1; 17:5; 26:15; Salmos 21:3-5; 30:6, 7; 62:7; 71:6, 7; 75:6, 7; Isaías 22:15-20; Jeremías 1:10; Daniel 2:37, 38; 4:17, 25; Zacarías 4:6; Lucas 1:51-53.

C. Dios controla la prosperidad, la abundancia y las bendiciones

Génesis 24:34, 35: "Entonces dijo: Yo soy criado de Abraham. Y Jehová ha bendecido mucho a mi amo, y él se ha engrandecido; y le ha dado ovejas y vacas, plata y oro, siervos y siervas, camellos y asnos".

Deuteronomio 8:18: "Sino acuérdate de Jehová tu Dios, porque él te da el poder para hacer las riquezas".

1 Corintios 4:7: "Porque ¿quién te distingue? ¿o qué tienes que no hayas recibido? Y si lo recibiste, ¿por qué te glorías como si no lo hubieras recibido?"

Génesis 12:1-3; 14:19, 20; 15:1; 21:22; 24:1, 34, 35; 25:11; 26:12, 28; Levítico 26:10; Deuteronomio 8:18; 28:2-8, 11, 12; 30:9; 2 Reyes 18:5-7; 2 Crónicas 1:12; 25:9; 26:5; Esdras 1:2; 7:6; Job 5:8-11; 42:12; Salmos 66:12; 85:12; 106:4, 5; 115:12, 13; Jeremías 33:11; Ezequiel 16:9-14; Oseas 2:8, 9; Sofonías 2:7; 3:20; Hageo 2:18, 19; Zacarías 1:16, 17; 3:10; 8:12; Romanos 10:12; 1 Corintios 4:7.

D. Dios controla los pensamientos y las emociones

Exodo 12:36: "Y Jehová dio gracia al pueblo delante de los egipcios, y les dieron cuanto pedían; así despojaron a los egipcios".

Exodo 11:3; 12:36; 1 Samuel 10:26; 1 Reyes 8:58; 1 Crónicas 14:17; 2 Crónicas 36:22, 23; Esdras 1:5; 7:27; 9:9; Daniel 1:9.

E. Dios controla el otorgamiento de habilidades especiales

Romanos 12:6: "De manera que, teniendo diferentes dones, según la gracia que nos es dada".

Efesios 4:7, 8: "Pero a cada uno de nosotros fue dada la gracia conforme a la medida del don de Cristo. Por lo cual dice: Subiendo a lo alto, llevó cautiva la cautividad, y dio dones a los hombres". El salmista nos cuenta esto pues dice que cuando Cristo regresó triunfante al cielo, luego de Su resurrección y victoria sobre Satanás, dio generosos dones a los hombres.

Exodo 31:1-3, 6; 35:34, 35; 36:1, 2; 1 Reyes 3:12, 28; 4:29; 5:12; 18:46; 2 Crónicas 9:23; Daniel 1:17; Romanos 12:6, 8; 1 Corintios 12:1; Efesios 4:7; 1 Timoteo 4:14, 15.

III . PROVIDENCIA

A. Dios promete suplir alimentos y necesidades

Salmo 33:18, 19: "He aquí el ojo de Jehová sobre los que le temen, sobre los que esperan en su misericordia, para librar sus almas de la muerte, y para darles vida en tiempo de hambre".

Salmo 37:25, 26: "Joven fui, y he envejecido, y no he visto justo desamparado, ni su descendencia que mendigue pan. En todo tiempo tiene misericordia, y presta; y su descendencia es para bendición".

Mateo 6:31-33: "No os afanéis, pues, diciendo: ¿Qué comeremos, o qué beberemos, o qué vestiremos? Porque los gentiles buscan todas estas cosas; pero vuestro Padre celestial sabe que tenéis necesidad de todas estas cosas. Mas buscad primeramente el reino de Dios y su justicia, y todas estas cosas os serán añadidas".

Lucas 12:30, 31: "Porque todas estas cosas buscan las gentes del mundo; pero vuestro Padre sabe que tenéis necesidad de estas cosas. Mas buscad el reino de Dios, y todas estas cosas os serán añadidas".

Génesis 1:29, 30; Exodo 16:17, 18; 23:25, 26; Levítico 26:3-6; Deuteronomio 8:2-5, 11-17; Rut 1:6,7; 1 Reyes 17:14-16; Esdras 8:23; Nehemías 9:21; Job 10:11, 2; Salmos 16:5; 23:1-3; 33:18-20; 34:9, 10; 37:17-19, 25, 26; 68:9; 78:15, 19-29; 81:16; 104:27, 28; 111:4-6; 136:25; 145:15, 16; Proverbios 10:3; Isaías 26:7; Jeremías 31:14; Mateo 6:11, 25-33; 14:17-22; 15:34-38; 16:8-11; Marcos 6:35-44; 8:5-9, 19-21; Lucas 9:13-17; 12:22-31; Juan 6:7-13; Hechos 17:25, 26; Romanos 11:32-36; Apocalipsis 7:15-17.

B. Dios provee al pobre

Salmo 12:5: "Por la opresión de los pobres, por el gemido de los menesterosos, ahora me levantaré, dice Jehová; pondré en salvo al que por ello suspira".

Salmos 10:14; 12:5; 69:33; 72:2-5,12, 13; 82:3, 4; 102:17; 109:31; 113:5-9; 140:11, 12; Proverbios 15:25; Isaías 25:1-4; Jeremías 22:3,4.

LA PARTE NUESTRA

I. MAYORDOMIA FIEL

A. Nuestra autoridad para ser mayordomos

Su dinero: ¿Frustración o libertad?

Salmo 8:6: "Le hiciste señorear sobre las obras de tus manos; todo lo pusiste debajo de sus pies".

Génesis 1:28; 9:2, 3; Salmos 8:6, 7; 115:16; Gálatas 4:7.

B. Nuestra responsabilidad de ser mayordomos

1 Corintios 4:2: "Ahora bien, se requiere de los administradores, que cada uno sea hallado fiel".

Deuteronomio 5:32, 33; 8:11; Esdras 9:12; Job 36:11, 12; Salmos 119:36; 128:1,2; Proverbios 22:4; Isaías 1:19; Jeremías 7:21-23; Mateo 4:4; 1 Corintios 4:2.

C. Ejemplos de mayordomos fieles

Daniel 6:4, 22: "Entonces los gobernadores y sátrapas buscaban ocasión para acusar a Daniel en lo relacionado al reino; mas no podían hallar ocasión alguna o falta, porque él era fiel, y ningún vicio ni falta fue hallado en él. Mi Dios envió su ángel, el cual cerró la boca de los leones, para que no me hiciesen daño, porque ante él fui hallado inocente; y aun delante de ti, oh rey, yo no he hecho nada malo".

Hechos 20:33-35: "Ni plata ni oro ni vestido de nadie he codiciado. Antes vosotros sabéis que para lo que me ha sido necesario a mí y a los que están conmigo, estas manos me han servido. En todo os he enseñado que, trabajando así, se debe ayudar a los necesitados, y recordar las palabras del Señor Jesús, que dijo: Más bienaventurado es dar que recibir".

Génesis 31:38-42; 1 Reyes 3:6; 2 Reyes 12:15; 22:7; 1 Crónicas 9:22, 26-29; Nehemías 5:14-16, 18, 19: 7:2; Daniel 6:4, 21; Mateo 25:14-29; Lucas 19:12-26; Hechos 20:33-35; Hebreos 6:10.

D. Fidelidad y resultados de la fidelidad

Lucas 16:10-12: "El que es fiel en lo muy poco, también en lo más es fiel; y el que en lo muy poco es injusto, también en lo más es injusto. Pues si en las riquezas injustas no fuisteis fieles, ¿quién os confiará lo verdadero? Y si en lo ajeno no fuisteis fieles, ¿quién os dará lo que es vuestro?"

Mateo 6:24; 13:13; Lucas 8:18; 12:42-44; 16:10-14; 2 Timoteo 2:15.

E. Infidelidad

Ezequiel 16:17; Lucas 16:1-9.

DEUDA

I. PERSPECTIVA BIBLICA DE LA DEUDA

Deuteronomio 28:1, 2, 12: "Acontecerá que si oyeres atentamente la voz de Jehová tu Dios, para guardar y poner por obra todos sus mandamientos que yo te prescribo hoy...vendrán sobre ti todas estas bendiciones ... prestarás a muchas naciones, y tú no pedirás prestado".

Deuteronomio 28:15, 16, 43, 44: "Pero acontecerá, si no oyeres la voz de Jehová tu Dios, para procurar cumplir todos sus mandamientos y sus estatutos que yo te intimo hoy, que vendrán sobre ti todas estas maldiciones, y te alcanzarán.... El extranjero que estará en medio de ti se elevará sobre ti muy alto, y tú descenderás muy abajo. El te prestará a ti, y tú no le prestarás a él; él será por cabeza, y tú serás por cola".

Proverbios 22:7: "El rico se enseñorea de los pobres, y el que toma prestado es siervo del que presta".

Romanos 13:8: "No debáis a nadie nada, sino el amaros unos a otro; porque el que ama al prójimo, ha cumplido la ley".

II. EJEMPLOS DE LO DIFICIL QUE ES ESTAR ENDEUDADO

2 Reyes 4:1; Mateo 5:25, 26; 18:23-34.

III. SI ESTA ENDEUDADO, ¿CUANDO DEBE EMPEZAR A SALIR DE LAS DEUDAS?

Proverbios 3:27, 28: "No te niegues a hacer el bien a quien es debido, cuando tuvieres poder para hacerlo. No digas a tu prójimo: Anda, y vuelve, y mañana te daré, cuando tienes contigo qué darle".

Proverbios 3:27, 28; Mateo 5:25, 26.

IV. ¿CUANTO DEBEMOS PAGAR DE NUESTRA DEUDA?

Salmo 37:21: "El impío toma prestado, y no paga; mas el justo tiene misericordia, y da".

Salmo 37:21; Romanos 13:8.

V. LA REDUCCION DE LA DEUDA EN EL ANTIGUO TESTAMENTO

Levítico 25:8-10, 24-27, 29-31, 39-41; Deuteronomio 15:1, 2.

AVALAR O SALIR COMO FIADOR

I. DAR EL AVAL O SALIR DE FIADOR ES NECIO

Proverbios 17:18: El hombre falto de entendimiento presta fianzas, y sale por fiador en presencia de su amigo.

Proverbios 22:26, 27: "No seas de aquellos que se comprometen, ni de los que salen por fiadores de deudas. Si no tuvieres para pagar ¿por qué han de quitar tu cama de debajo de ti?"

Proverbios 1:13-15; 17:18; 22:26, 27; 27:13.

II. SI HA DADO SU AVAL O HA SALIDO DE FIADOR, ELIMINE INMEDIATAMENTE ESA OBLIGACION

Proverbios 6:1-5: "Hijo mío, si salieres fiador por tu amigo, si has empeñado tu palabra a un extraño, te has enlazado con las palabras de tu boca, y has quedado preso en los dichos de tus labios. Haz esto ahora, hijo mío, y líbrate, ya que has caído en la máno de tu prójimo; ve, humíllate, y asegúrate de tu amigo, no des sueño a tus ojos, ni a tus párpados adormecimiento; escápate como gacela de la mano del cazador, y como ave de la mano del que arma lazos".

CONSEJO

I. BUSQUE CONSEJO

A. Se nos amonesta para que busquemos consejo

Proverbios 19:20: "Escucha el consejo y recibe la corrección, para que seas sabio en tu vejez".

Proverbios 12:15: "El camino del necio es derecho en su opinión; mas el que obedece al consejo es sabio".

Escrituras

Proverbios 10:8; 13:10; 19:20; 20:5; 18; 21:11; Lucas 14:31.

B. Ejemplos de personas que buscaron consejo

Ester 1:12, 13: "El rey se enojó mucho, y se encendió en ira. Preguntó entonces el rey a los sabios que conocían los tiempos (porque así acostumbraba el rey con todos los que sabían la ley y el derecho".

Jueces 20:7; 1 Reyes 12:6-13; 1 Crónicas 13:1; 2 Crónicas 10:5-16; 20:21; Ester 1:13, 15.

C. Resultados de buscar consejo

Eclesiastés 4:9-12: "Mejores son dos que uno; porque tienen mejor paga de su trabajo. Porque si cayeren, el uno levantará a su compañero; pero ¡ay del solo! que cuando cayere, no habrá segundo que lo levante. También si dos durmieren juntos, se calentarán mutuamente; mas ¿cómo se calentará uno solo? Y si alguno prevaleciere contra uno, dos le resistirán; y cordón de tres dobleces no se rompe pronto.

Proverbios 9:11; 11:14; 15:23; Eclesiastés 4:9-12.

D. Resultados de no buscar consejo

Proverbios 12:26: "El justo sirve de guía a su prójimo; mas el camino de los impíos les hace errar".

2 Crónicas 25:16; 36:12; Proverbios 10:8; 12:26; Eclesiastés 4:13.

E. Ejemplos de sabio consejo

Daniel 1:18-20: "Pasados, pues, los días al fin de los cuales había dicho el rey que los trajesen, el jefe de los eunucos los trajo delante de Nabucodonosor. Y el rey habló con ellos, y no fueron hallados entre todos ellos otros como Daniel Ananías, Misael y Azarías; así, pues, estuvieron delante del rey. En todo asunto de sabiduría e inteligencia que el rey les consultó, los halló diez veces mejores que todos los magos y astrólogos que había en todo su reino".

Exodo 18:13-24; 1 Crónicas 27:32,33; Ester 1:21; Job 29:21-25; Proverbios 10:20; 18:20; Daniel 1:19-21; 1 Corintios 4:14; 12:8.

II. ¿DE QUIEN BUSCAR CONSEJO?

A. Del Señor

Salmo 16:7: "Bendeciré a Jehová que me aconseja; aun en las noches me enseña mi conciencia".

Su dinero: ¿Frustración o libertad?

Salmos 16:7; 32:8; 73:24; Proverbios 8:33; Isaías 9:6; 30:1, 2; 31:1.

B. De la Biblia

Salmo 119:24: "Pues tus testimonios son mis delicias y mis consejeros".

Salmos 19:7-11; 119:24, 96-100; Proverbios 2:6; 13:13.

C. De la gente

1) *De personas santas*

Salmo 37:30, 31: "La boca del justo habla sabiduría, y su lengua habla justicia. La ley de su Dios está en su corazón; por tanto, sus pies no resbalarán".

Salmos 16:3; 37:30, 31; Proverbios 10:21, 31; 13:20; 15:7.

2) *De su padre y madre*

Proverbios 6:20-23: "Guarda, hijo mío, el mandamiento de tu padre, y no dejes la enseñanza de tu madre; átalos siempre en tu corazón, enlázalos a tu cuello. Te guiarán cuando andes; cuando duermas te guardarán; hablarán contigo cuando despiertes. Porque el mandamiento es lámpara, y la enseñanza es luz, y camino de vida las represiones que te instruyen".

Proverbios 1:8, 9; 6:20-23; 15:5; 23:22.

3) *Del sabio*

Proverbios 13:14: "La ley del sabio es manantial de vida para apartarse de los lazos de la muerte".

D. Muchos consejeros son buenos

Proverbios 15:22: "Los pensamientos son frustrados donde no hay consejo; mas en la multitud de consejeros se afirman".

Proverbios 15:22; 24:6; Lucas 14:31.

III. EVITE EL CONSEJO DE LOS MALOS

Salmo 1:1: "Bienaventurado el varón que no anduvo en consejo de malos, ni estuvo en camino de pecadores, ni en silla de escarnecedores se ha sentado".

2 Crónicas 22:3-5; Salmo 1:1-3; Proverbios 14:7; 24:7.

TRABAJO

I. EL TRABAJO ES NECESARIO

Exodo 34:21: "Seis días trabajarás".

2 Tesalonicenses 3:6-10: "Pero os ordenamos, hermanos, en el nombre de nuestro Señor Jesucristo, que os apartéis de todo hermano que ande desordenadamente, y no según la enseñanza que recibisteis de nosotros. Porque vosotros mismos sabéis de qué manera debéis imitarnos; pues nosotros no anduvimos desordenadamente entre vosotros, ni comimos de balde el pan de nadie, sino que trabajamos con afán y fatiga día y noche, para no ser gravosos a ningunos de vosotros; no porque no tuviésemos derecho, sino por daros nosotros mismos un ejemplo para que nos imitaseis. Porque también cuando estábamos con vosotros, os ordenábamos esto: Si alguno no quiere trabajar, tampoco coma".

Génesis 2:15; 3:17-19: 1 Crónicas 22:16; 28:20; Proverbios 14:4; 16:26, 27; Juan 3:27; 1 Tesalonicenses 4:11, 12; 2 Tesalonicenses 3:6-12; Tito 3:1.

II. TRABAJAR FUERTE

A. Trabajar fuerte

1 Timoteo 4:14, 15; 2 Pedro 1:10.

B. Diligencia

Proverbios 13:4. "El alma del perezoso desea, y nada alcanza; mas el alma de los diligentes será prosperada".

Rut 3:17, 18; Proverbios 12:27; 13:4; 1 Corintios 7:20.

C. Ejemplos de trabajo fuerte

Proverbios 6:6-9: "Ve a la hormiga, oh perezoso, mira sus caminos, y sé sabio; la cual no teniendo capitán, ni gobernador, ni señor, prepara en el verano su comida, y recoge en el tiempo de la siega su mantenimiento. Perezoso, ¿hasta cuándo has de dormir? ¿Cuándo te levantarás de tu sueño?

1 Tesalonicenses 2:9: "Porque os acordáis, hermanos, de nuestro trabajo y fatiga; cómo trabajando de noche y de día, para no ser gravosos a ninguno de vosotros, os predicamos el evangelio de Dios".

Su dinero: ¿Frustración o libertad?

Génesis 31:38-42; Rut 2:7; 1 Crónicas 22:14; Nehemías 4:6, 4:20, 21; Proverbios 6:6-11; 1 Corintios 4:12; 1 Tesalonicenses 2:9; 2 Juan 1:8; Apocalipsis 2:2.

D. Resultados de trabajar fuerte

Proverbios 12:11: "El que labra su tierra se saciará de pan; mas el que sigue a los vagabundos es falto de entendimiento".

Proverbios 22:29: "¿Has visto hombre solícito en su trabajo? Delante de los reyes estará; no estará delante de los de baja condición".

Proverbios 10:4; 12:11, 14 ,24; 13:11; 14:23; 20:13; 22:29; 28:19; Eclesiastés 2:10, 24, 25; 3:12, 22; 5:12; 10:17.

E. Trabajar fuerte es previamente necesario para el pastor

1 Timoteo 3:2.

F. Equilibre la intensidad de su trabajo

Salmo 127:2. "Por demás es que os levantéis de madrugada, y vayáis tarde a reposar, y que comáis pan de dolores; pues que a su amado dará Dios el sueño".

III. TRABAJAR COMO PARA EL SEÑOR

Colosenses 3:23, 24: "Y todo lo que hagáis, hacedlo de corazón, como para el Señor y no para los hombres; sabiendo que del Señor recibiréis la recompensa de la herencia, porque a Cristo el Señor servís".

Romanos 12:11; 2 Corintios 4:1; Colosenses 3:17, 23, 24.

IV. LOS EMPLEADOS DEBEN SER FIELES

A. Empleados fieles

Proverbios 25:13: "Como frío de nieve en tiempo de la siega, así es el mensajero fiel a los que lo envían, pues al alma de su señor da refrigerio".

Efesios 6:5-8: "Siervos, obedeced a vuestros amos terrenales con temor y temblor, con sencillez de vuestro corazón, como a Cristo; no sirviendo al ojo, como los que quieren agradar a los hombres, sino como siervos de Cristo, de corazón haciendo la voluntad de Dios; sirviendo de buena voluntad, como al Señor y no a los hombres, sabiendo que el bien que cada uno hiciere, ése recibirá del Señor, sea siervo o sea libre".

Proverbios 25:13; Efesios 6:5-8; Colosenses 3:22-25; 1 Timoteo 6:1, 2; Tito 2:9, 10; 1 Pedro 2:18, 19.

B. El empleador es bendecido por el empleado fiel

Génesis 30:27, 29, 30; 39:4, 5; Jeremías 29:7.

C. La maldición del empleado infiel y perezoso

Proverbios 10:26: "Como el vinagre a los dientes, y como el humo a los ojos, así es el perezoso a los que lo envían".

Proverbios 10:26; 14:35; 26:10.

V. LOS EMPLEADORES TAMBIEN DEBEN SER FIELES

Jeremías 22:13: "¡Ay del que edifica su casa sin justicia, y sus salas sin equidad, sirviéndose de su prójimo de balde, y no dándole el salario de su trabajo!"

Levítico 19:13; Deuteronomio 25:4, 14, 15; Job 31:13-15, 31; Proverbios 27:18; Jeremías 22:13; Malaquías 3:5; Mateo 20:1-16; Efesios 6:9; Colosenses 4:1.

VI. LA TRAGEDIA DE LA PEREZA

Proverbios 18:9: "También el que es negligente en su trabajo es hermano del hombre disipador".

Proverbios 24:32-34: "Miré, y lo puse en mi corazón; lo vi, y tomé consejo. Un poco de sueño, cabeceando otro poco, poniendo mano sobre mano otro poco para dormir; así vendrá como caminante tu necesidad, y tu pobreza como hombre armado".

Proverbios 10:4, 5; 15:19; 18:9; 19:15, 24; 20:4; 21:25, 26; 22:13; 23:21; 24:30-32; 26:13; Eclesiastés 10:18; 1 Tesalonicenses 5:14; 2 Tesalonicenses 3:6-12.

ETICA

I. FUNDAMENTO DE LA ETICA

A. Antiguo Testamento

Su dinero: ¿Frustración o libertad?

Deuteronomio 5:19-21: "No hurtarás. No dirás falso testimonio contra tu prójimo. No codiciarás la mujer de tu prójimo, ni desearás la casa de tu prójimo, ni su tierra, ni su siervo, ni su sierva, ni su buey, ni su asno, ni cosa alguna de tu prójimo".

Proverbios 20:10, 23: "Pesa falsa y medida falsa, ambas cosas son abominación a Jehová. Abominación son a Jehová las pesas falsas, y la balanza falsa no es buena".

Zacarías 8:16, 17: "Estas son las cosas que habéis de hacer: Hablad verdad cada cual con su prójimo; juzgad según la verdad y lo conducente a la paz en vuestras puertas. Y ninguno de vosotros piense mal en su corazón contra su prójimo, ni améis el juramento falso; porque todas estas son cosas que aborrezco, dice Jehová".

Exodo 20:3-17; 22:3; 6; Deuteronomio 5:16, 19-21; Proverbios 11:1, 3, 5, 6; 12:15; 16:8-11; 19:1; 20:10, 23; 22:28; 31:8, 9; Isaías 11:1-5; 56:1; 61:8; Ezequiel 45:9-12; Oseas 12:6; Amós 3:10; Zacarías 8:16, 17.

B. Nuevo Testamento

Romanos 13:9, 10: "Porque: No adulterarás, no matarás, no hurtarás, no dirás falso testimonio, no codiciarás, y cualquier otro mandamiento en esta sentencia se resume: Amarás a tu prójimo como a ti mismo. El amor no hace mal al prójimo; así que el cumplimiento de la ley es el amor".

Mateo 7:12; Lucas 12:15; Romanos 13:9, 10.

II. CONDUCTA ETICA

A. Resultado de las costumbres éticas

Proverbios 10:2: "Los tesoros de maldad no serán de provecho; mas la justicia libra de muerte".

Salmo 112:2-9; Proverbios 10:2; 11:18: 28:12; 29:14; Isaías 33:15.

B. Ejemplos de ética buena

1 Reyes 9:4; Job 1:8; Jeremías 22:15-17; 2 Corintios 7:2.

II. METODOS INMORALES

A. Costumbres inmorales

Escrituras

Deuteronomio 25:16: "Porque abominación es a Jehová tu Dios cualquiera que hace esto, y cualquiera que hace injusticia".

Levítico 19:11, 12; 25:16; 27:17; Salmo 15:5; 62:10, 12; Proverbios 1:10-15; 30:10; Ezequiel 23:25; Oseas 12:7; Amós 2:6-8; Miqueas 2:1, 2; 6:10-12; 1 Corintios 6:8.

B. Conducta inmoral hacia el pobre y el carente de privilegios

Proverbios 22:16, 22, 23: "El que oprime al pobre para aumentar sus ganancias, o que da al rico, ciertamente se empobrecerá. No robes al pobre, porque es pobre, ni quebrantes en la puerta al afligido; porque Jehová juzgará la causa de ellos, y despojará el alma de aquellos que los despojaren.

Exodo 22:22, 23; 23:6; Deuteronomio 16:19, 20; 25:14, 15; 27:19; Salmo 10:2, 3; Proverbios 11:26; 13:23; 17:5; 22:16, 22, 23; 23:20, 11; 28:8; 29:7; Isaías 1:16, 17, 23, 24; 3:14; 10:1, 2; Jeremías 5:26-28; 7:5, 6; Ezequiel 22:6, 7, 29; Amós 4:1-3; 5:10-13; 8:4-6; Zacarías 7:10.

C. Sobornos

Exodo 23:8: "No recibirás presente; porque el presente ciega a los que ven, y pervierte las palabras de los justos".

Exodo 23:8; Deuteronomio 16:19.20; 27:25; Job 17:5; Salmo 26:9, 10; 58:1, 2; Proverbios 15:27; 17:8, 23; 22:16; 29:4; Eclesiastés 7:7; Amós 5:12; Miqueas 3:9-11; 7:3; Habacuc 1:3, 4; Zacarías 7:8,9; Mateo 28:12-15.

D. Procedimiento judiciales inmorales

Exodo 23:1-3; Levítico 5:1; 19:15; Deuteronomio 1:17; 2 Crónicas 19:5-11; Proverbios 24:23; Isaías 5:23.

E. Resultados de las costumbres inmorales

Job 27:16-18: "Aunque amontone plata como polvo, y prepare ropa como lodo; la habrá preparado él, mas el justo se vestirá, y el inocente repartirá la plata. Edificó su casa como la polilla, y como enramada que hizo el guarda".

Proverbios 15:27: "Alborota su casa el codicioso; mas el que aborrece el soborno vivirá".

Job 27:16-18: Proverbios 11:11; 12:3; 15:27; 20:17, 21; 21:6; 28:2, 28; 29:4; Jeremías 17:11; Zacarías 5:3, 4.

F. El hombre que se une con prostitutas terminará pobre

Su dinero: ¿Frustración o libertad?

Proverbios 5:7-10; 6:25, 26; 9:17, 18.

IV. ETICA RELATIVA

Jueces 17:6: "Cada uno hacía lo que bien le parecía".

V. COMPARACION DEL HOMBRE MORAL CON EL INMORAL

Proverbios 12:12, 13, 17; 14:5.

VI. RESTITUCION

Levítico 6:1-5; 25:17, 18; Números 5:7; Proverbios 6:30, 31; Ezequiel 33:14, 15; Lucas 19:8, 9.

INVERTIR

I. AHORRAR

A. Exhortación al ahorro

Proverbios 21:20: "Tesoro precioso y aceite hay en la casa del sabio; mas el hombre insensato todo lo disipa".

Proverbios 21:17, 20, 21; 30:24, 25.

B. ¿Por qué ahorrar?

Proverbios 22:3: "El avisado ve el mal y se esconde; mas los simples pasan y reciben el daño".

II. INVERTIR

A. Invertir es aceptable

Mateo 25:14-29; Lucas 19:12-24.

B. Invertir sistemáticamente

Proverbios 21:5. Los pensamientos del diligente ciertamente tienden a la abundancia; mas todo el que se apresura alocadamente, de cierto va a la pobreza.

C. Desarrolle su empresa

Proverbios 24:3, 4: "Con sabiduría se edificará la casa y con prudencia se afirmará; y con ciencia se llenarán las cámaras de todo bien preciado y agradable".

Proverbios 24:27: "Prepara tus labores fuera, y dispónlas en tus campos, y después edificarás tu casa".

III. EVITE LAS INVERSIONES RIESGOSAS Y LOS METODOS PARA ENRIQUECERSE RAPIDAMENTE.

Proverbios 28:22: "Se apresura a ser rico el avaro, y no sabe que le ha de venir pobreza".

Eclesiastés 5:13-16. "Hay un mal doloroso que he visto debajo del sol: las riquezas guardadas por sus dueños para su mal; las cuales se pierden en malas ocupaciones, y a los hijos que engendraron, nada les queda en la mano. Como salió del vientre de su madre, desnudo, así vuelve, yéndose tal como vino; y nada tiene de su trabajo para llevar en su mano. Este también es un gran mal, que como vino, así haya de volver. ¿Y de qué le aprovechó trabajar en vano?

Proverbios 13:11; 21:5; 28:20, 22; Eclesiastés 5:13-15.

IV. HERENCIA

Proverbios 13:22: "El bueno dejará herederos a los hijos de sus hijos; pero la riqueza del pecador está guardada para el justo".

Génesis 24:36; 25:5; Números 27:8-11; Proverbios 13:22.

V. PRESTAR

A. Principios del Antiguo Testamento

1) Los préstamos para los coterráneos judíos debían hacerse sin cobrar intereses

Exodo 22:25: "Cuando prestares dinero a uno de mi pueblo, al pobre que está contigo, no te portarás con él como logrero, ni le impondrás usura".

Exodo 22:25; Levítico 25:35-37.

171

2) Puede cobrarse intereses a los extranjeros

Deuteronomio 23:19, 20.

3) El prestamista no puede retener prendas esenciales para el bienestar del que pide prestado

Deuteronomio 24:17: "No torcerás el derecho del extranjero ni del huérfano; ni tomarás en prenda la ropa de la viuda".

Exodo 22:26, 27; Deuteronomio 24:10-13, 17; Ezequiel 18:5, 7-9.

4) Perdonar deudas

Deuteronomio 15:1, 2; Nehemías 10:31.

5) Los préstamos deben efectuarse basados en las necesidades sin considerar el riesgo de otorgarlos

Deuteronomio 15:7-9.

B. Principios del Nuevo Testamento

1) El Nuevo Testamento amplía el principio del préstamo para que abarque a todas las personas sin esperar que sea pagado

Lucas 6:34, 35: "Y si prestáis a aquellos de quienes esperáis recibir, ¿qué mérito tenéis? Porque también los pecadores prestan a los pecadores, para recibir otro tanto.

Amad, pues, a vuestros enemigos y haced bien, y prestad, no esperando de ello nada; y será vuestro galardón grande, y seréis hijos del Altísimo; porque él es benigno para con los ingratos y malos".

2) ¿Damos o prestamos?

Mateo 5:42: "Al que te pida, dale; y al que quiera tomar de ti prestado, no se lo rehúses".

3) Pagar el préstamo es materia ante Dios que incumbe al que pide prestado

Salmo 37:21: "El impío toma prestado, y no paga; mas el justo tiene misericordia, y da".

C. Cargar intereses por las inversiones es apropiado

Lucas 19:23: "¿Por qué, pues, no pusiste mi dinero en el banco, para que al volver yo, lo hubiera recibido con los intereses?"

COMPARTIR

I. COMPARTIR ES UNA COSTUMBRE HISTORICA

Génesis 14:20: "Y le dio Abraham los diezmos de todo".

Génesis 4:3, 5; 8:20, 21; 14:20; 28:20-22; 1 Crónicas 29:3-8; 2 Crónicas 24:6, 9, 11, 12; Proverbios 10:16; Isaías 32:7, 8; Hageo 1:3-6, 9-11; Mateo 10:8; Lucas 11:39-41; Hechos 10:1-4, 31; Romanos 12:1, 8; Santiago 2:14-16; 1 Juan 3:17, 18.

II. EL PROPOSITO DE COMPARTIR ES BENEFICIAR AL DADOR

A. Más bienaventurado es dar que recibir

Lucas 6:38. "Dad, y se os dará; medida buena, apretada, remecida y rebosando darán en vuestro regazo; porque con la misma medida con que medís, os volverán a medir".

Hechos 20:35: "Más bienaventurado es dar que recibir".

1 Crónicas 29:9; Esdras 6:15-17, 22; Nehemías 12:43; Proverbios 11:24, 25; 19:6; Lucas 6:38; Hechos 20:35; 2 Corintios 9:6-14; Filipenses 4:19.

B. Para que aprendas a recordar que Dios debe ser lo primero en nuestras vidas.

Deuteronomio 14:23: "Y comerás delante de Jehová tu Dios en el lugar que él escogiere para poner allí su nombre, el diezmo de tu grano, de tu vino y de tu aceite, y las primicias de tus manadas y de tus ganados, para que aprendas a temer a Jehová tu Dios todos los días".

Deuteronomio 14:23; 26:2, 3, 10; 1 Crónicas 29:14.

C. Dios no necesita nuestros presentes

Salmo 50:10-12: "Porque mía es toda bestia del bosque, y los millares de animales en los collados. Conozco a todas las aves de los montes, y todo lo que se mueve en los campos me pertenece. Si yo tuviese hambre, no te lo diría a ti; porque mío es el mundo y su plenitud".

Su dinero: ¿Frustración o libertad?

Salmo 50:10-12; Hechos 17:24, 25.

D. Dar es la inversión eterna

1 Timoteo 6:18, 19: "Que hagan bien, que sean ricos en buenas obras, dadivosos, generosos; atesorando para sí buen fundamento para lo por venir, que echen mano de la vida eterna".

Mateo 6:19-21; Lucas 12:21, 32-34; 1 Timoteo 6:18, 19; Apocalipsis 2:9.

1) Nada podemos llevar con nosotros cuando muramos

Job 1:21: "Desnudo salí del vientre de mi madre, y desnudo volveré allá. Jehová dio, y Jehová quitó; sea el nombre de Jehová bendito".

Job 1:21; Santiago 1:10, 11.

III ¿CUANTO DEBEMOS COMPARTIR?

A. Diezmo

1) Ley anterior a la ley mosaica

Génesis 28:22: "Y de todo lo que me dieres, el diezmo apartaré para ti.

Génesis 14:20; 28:22.

2) Ley del Antiguo Testamento

Malaquías 3:8-10: "Pues vosotros me habéis robado. Y dijisteis: ¿En qué te hemos robado? En vuestros diezmos y ofrendas. Malditos sois con maldición, porque vosotros, la nación toda, me habéis robado. Traed todos los diezmos al alfolí y haya alimento en mi casa; y probadme ahora en esto, dice Jehová de los ejércitos, si no os abriré las ventanas de los cielos, y derramaré sobre vosotros bendición hasta que sobreabunde".

Exodo 22:29; Levítico 27:30-32; Números 18:21-30; Deuteronomio 14:22, 23, 27-29; 26:12, 13; 2 Crónicas 31:4-10; Nehemías 10:35-39; Malaquías 3:8-10.

3) Referencias del Nuevo Testamento sobre el diezmo

Mateo 23:23-25; Lucas 11:42; 18:12; Hebreos 7:1-10.

B. Ofrenda

Escrituras

Deuteronomio 16:10: "Y harás la fiesta solemne de las semanas a Jehová tu Dios; de la abundancia voluntaria de tu mano será lo que dieres, según Jehová tu Dios te hubiere bendecido".

Génesis 4:4; Exodo 25:1-7; 35:4-9, 20-22,29; Deuteronomio 16:10, 17; Esdras 2:68, 69; 1 Corintios 16:2; 2 Corintios 8:11, 12; 9:11.

C. Compartir proporcionalmente

1 Corintios 16:2: "Cada primer día de la semana cada uno de vosotros ponga aparte algo, según haya prosperado".

Deuteronomio 15:14; 16:9, 10, 16, 17; 2 Corintios 8:10-12; 9:5-11.

D. Dar sacrificatoriamente

2 Corintios 8:3: "Pues doy testimonio de que con agrado han dado conforme a sus fuerzas, y aun más allá de sus fuerzas".

2 Samuel 24:22-24; 1 Crónicas 22-24; 29:3-5; Esdras 2:68, 69; Marcos 12:41-44; Lucas 21:1-4; 2 Corintios 8:1-4, 9; 11:7-12; 12:13, 14.

E. La actitud es más importante que la cantidad

Oseas 6:6: "Porque misericordia quiero, y no sacrificio, y conocimiento de Dios más que holocaustos".

1 Samuel 15:22; Salmos 40:6; 52:7-9; Proverbios 21:3, 27; Isaías 1:11-13; Jeremías 7:21-23; Oseas 6:6; Miqueas 6:6-8; Hageo 2:14; Mateo 6:1-4; 9:13; 12:7; 23:23-25; Lucas 11:42; Hebreos 11:4.

. *1) La actitud deseada es la del dador alegre*

2 Corintios 9:7: "Cada uno dé como propuso en su corazón: no con tristeza, ni por necesidad, porque Dios ama al dador alegre".

2 Corintios 8:7, 8; 9:7.

2) La actitud indeseable

2 Corintios 9:3-5.

F. El patrón de compartir

1 Corintios 16:2: "Cada primer día de la semana cada uno de vosotros ponga aparte algo, según haya prosperado, guardándolo, para que cuando yo llegue no se recojan entonces ofrendas".

175

IV. ¿CON QUIEN COMPARTIMOS?

Eclesiastés 11:1, 2: "Echa tu pan sobre las aguas; porque después de muchos días lo hallarás. Reparte a siete, y aun a ocho, porque no sabes el mal que vendrá sobre la tierra".

A. Familia y parientes

1 Timoteo 5:8: "Porque si alguno no provee para los suyos, y mayormente para los de su casa, ha negado la fe, y es peor que un incrédulo".

Levítico 25:35; Mateo 15:4-6; Marcos 7:10,11: 1 Timoteo 5:8, 16.

B. Obra y obreros cristianos

1 Timoteo 5:17 ,18: "Los ancianos que gobiernan bien sean tenidos por dignos de doble honor, mayormente los que trabajan en predicar y enseñar. Pues la Escritura dice: No pondrás bozal al buey que trilla; y: Digno es el obrero de su salario".

Deuteronomio 18:1-5; 2 Crónicas 31:18, 19; Nehemías 12:44; Isaías 23:18; Mateo 10:8-10; Marcos 6:8, 9; Lucas 8:3; 9:3, 4; 10:4-7; 1 Corintios 9:4-15, 18, 19; 2 Corintios 11:7-9; 12:13, 14; Gálatas 6:6; Filipenses 4:10, 14-19; 1 Timoteo 5:17, 18; Tito 3:13, 14; 3 Juan 1:5-8.

C. El Pobre

Proverbios 28:27: "El que da al pobre no tendrá pobreza; mas el que aparta sus ojos tendrá muchas maldiciones".

Exodo 23:11; Levítico 19:9,10; Nehemías 8:10; Job 29:12-15; Salmos 9:18; 41:1-3; Proverbios 14:21, 31; 19:17; 21:13; 22:9; 28:27; Isaías 58:6, 7, 10, 11; Ezequiel 16:49; Daniel 4:27; Lucas 3:11; 10:33-35; 14:12-14; 16:19-31; 19:8,9; Hechos 9:36; 20:33-35; 1 Corintios 11:20-22; Gálatas 2:10; Efesios 4:28; Hebreos 13:16; 1 Pedro 4:9; Apocalipsis 2:19.

D. Cristianos necesitados

Romanos 12:13. "Compartiendo para las necesidades de los santos; practicando la hospitalidad".

Hechos 2:44-46; 4:32-37; 11:27-30; Romanos 12:13; 15:25-28, 31; 2 Corintios 8:10-15; 9:1, 2; Gálatas 6:10.

E. Viudas

1 Timoteo 5:3-7.

V. DADIVAS Y SACRIFICIOS DEL SEÑOR

Efesios 4:8: "Subiendo a lo alto, llevó cautiva la cautividad, y dio dones a los hombres".

Efesios 4:8; Hebreos 9:14; 1 Pedro 1:4, 18.

VI. PONER HOMBRES FIELES A CARGO DEL DINERO

1 Corintios 16:3, 4: "Y cuando haya llegado, a quienes hubiereis designado por carta, a éstos enviaré para que lleven vuestro donativo a Jerusalén. Y si fuere propio que yo también vaya, irán conmigo".

Nehemías 13:13; Hechos 1:1-6; 11:27-30; 1 Corintios 16:3, 4; 2 Corintios 8:16-21.

VII. FALSOS MAESTROS SUELEN ANDAR EN POS DEL DINERO

1 Timoteo 6:5: "Disputas necias de hombres corruptos de entendimiento y privados de la verdad, que toman la piedad como fuente de ganancia; apártate de los tales".

Sofonías 3:4; Marcos 11:15-17; 12:40; Lucas 19:45, 46; Juan 2:14-16; 1 Tesalonicenses 2:5; 1 Timoteo 6:5; 2 Pedro 2:3, 14, 15; Judas 1:11.

PRESUPUESTO

I. EL PRESUPUESTO SIRVE PARA PLANIFICAR POR ADELANTADO

Proverbios 14:8: "La ciencia del prudente está en entender su camino; mas la indiscreción de los necios es engaño".

Lucas 14:28-30: "Porque ¿quién de vosotros, queriendo edificar una torre, no se sienta primero y calcula los gastos, a ver si tiene lo que necesita para acabarla? No sea que después que haya puesto el cimiento, y no pueda acabarla, todos los que lo vean comiencen a hacer burla de él, diciendo: Este hombre comenzó a edificar, y no pudo acabar".

II. EL PRESUPUESTO SIRVE PARA QUE USTED SE ANTICIPE A LOS HECHOS

Proverbios 24:3, 4: "Con sabiduría se edificará la casa, y con prudencia se afirmará; y con ciencia se llenarán las cámaras de todo bien preciado y agradable"

Proverbios 27:23-27: "Sé diligente en conocer el estado de tus ovejas, y mira con cuidado por tus rebaños; porque las riquezas no duran para siempre; ¿y será la corona para perpetuas generaciones? Saldrá la grama, aparecerá la hierba, y se segarán las hierbas de los montes.

Los corderos son para tus vestidos, y los cabritos para el precio del campo, y abundancia de leche de las cabras para tu mantenimiento, para mantenimiento de tu casa, y para sustento de tus criadas.

III. EL PRESUPUESTO SIRVE PARA QUE USTED MANTENGA EL ORDEN

1 Corintios 14:33: "Pues Dios no es Dios de confusión, sino de paz".

RIQUEZA

I. PERSPECTIVA DE LA RIQUEZA

A. Perspectiva apropiada de la riqueza

Jeremías 9:23, 24; Juan 6:27; Santiago 1:9-11.

B. Perspectiva eterna de la riqueza

Proverbios 11:4: "No aprovecharán las riquezas en el día de la ira; mas la justicia librará de muerte".

1 Corintios 7:30, 31: "Y los que lloran, como si no llorasen; y los que se alegran, como si no se alegrasen; y los que compran, como si no poseyesen; y los que disfrutan de este mundo, como si no lo disfrutasen; porque la apariencia de este mundo se pasa".

Proverbios 11:4, 18; Ezequiel 7:10, 11, 19; Lucas 18:28-30; 1 Corintios 7:30, 31; 1 Timoteo 6:7; Hebreos 10:34; 11:24, 25.

C. Cómo se relaciona la riqueza con la felicidad

178

Escrituras

Eclesiastés 5:10,11: "El que ama el dinero, no se saciará de dinero; y el que ama el mucho tener, no sacará fruto. También esto es vanidad. Cuando aumentan los bienes, también aumentan los que los consumen. ¿Qué bien, pues, tendrá su dueño, sino verlos con sus ojos?"

Lucas 12:15: "Mirad, y guardaos de toda avaricia; porque la vida del hombre no consiste en la abundancia de los bienes que posee".

Proverbios 13:7; Eclesiastés 5:10,11; Lucas 12:13—20; 2 Corintios 6:10; 1 Timoteo 6:6,7.

D. Cosas más valiosas que la riqueza

Mateo 16:26: "Porque ¿qué aprovechará al hombre, si ganare todo el mundo, y perdiere su alma? ¿O qué recompensa dará el hombre por su alma?"

1 Pedro 1:7: "Vuestra fe, mucho más preciosa que el oro".

Job 28:17-19; Salmo 49:6-9; 119:71, 72; Proverbios 3:13-15; 8:8-11, 18-21; 10:22; 11:16; 15:16; 16:16, 19; 20:15; 22:1; 28:6: Eclesiastés 7:1; 11, 12; Mateo 16:26; Marcos 8:36; Lucas 9:25; 1 Pedro 1:7.18.

E. La futilidad de la riqueza

Proverbios 11:28: "El que confía en sus riquezas, caerá; mas los justos reverdecerán como ramas".

Salmo 39:5, 6; Proverbios 11:28; Eclesiastés 4:7, 8.

F. Equilibrio de la riqueza

Proverbios 30:7-9: "Dos cosas te he demandado; no me las niegues antes que muera: Vanidad y palabra mentirosa aparta de mí; no me des pobreza ni riquezas; manténme del pan necesario; no sea que me sacie, y te niegue, y diga: ¿Quién es Jehová? O que siendo pobre, hurte, y blasfeme el nombre de mi Dios".

II. EL PELIGRO DE LA RIQUEZA

A. Confiar en la riqueza

Proverbios 18:11. "Las riquezas del rico son su ciudad fortificada, y como un muro alto en su imaginación".

Job 31:24-28; Proverbios 11:28; 18:11,23; 28:11; Jeremías 48:7; 49:4-6, 31, 32; Ezequiel 28:2-5; Mateo 13:22; 19:16-24; Marcos 4:18,19; 10:20- 30;

Su dinero: ¿Frustración o libertad?

Lucas 8:14; 18:18-27; Romanos 2:22; 1 Corintios 7:30, 31; Colosenses 3:5; 1 Timoteo 6:9, 10, 17; 1 Juan 2:15-17; Apocalipsis 3:17, 18.

B. Peligro de la avaricia, codicia y amar el dinero

Efesios 5:5: "Porque sabéis esto, que ningún fornicario, o inmundo, o avaro, que es idólatra, tiene herencia en el reino de Cristo y de Dios".

1 Timoteo 6:9, 10: "Porque los que quieren enriquecerse caen en tentación y lazo, y en muchas codicias necias y dañosas, que hunden a los hombres en destrucción y perdición; porque raíz de todos los males es el amor al dinero, el cual codiciando algunos, se extraviaron de la fe, y fueron traspasados de muchos dolores".

1 Samuel 7:2, 3, Salmo 37:1-3; Proverbios 23:1; 28:25; Eclesiastés 4:4; Ezequiel 7:19, 20; Habacuc 2:5; Marcos 7:20-22; Hechos 8:18-20; Romanos 1:28, 29; 1 Corintios 5:11; 6:10; Efesios 5:3, 5; 2 Timoteo 3:2; Santiago 3:16; 4:1-3.

C. Obras malas hechas por la riqueza

Mateo 26:14, 15. "Entonces uno de los doce, que se llamaba Judas Iscariote, fue a los principales sacerdotes, y les dijo: ¿Qué me queréis dar, y yo os lo entregaré? Y ellos le asignaron treinta piezas de plata".

Jueces 16:5, 17-19; Ester 3:8-11, 13; Abdías 1:13; Mateo 26:14, 15; 27:5-10; Hechos 1:18; 16:16-19.

D. La riqueza utilizada para adorar a los ídolos

Oseas 10:1; Habacuc 1:16; Hechos 19:24-26.

E. La riqueza que impele a los hombres ricos y orgullosos

Ezequiel 7:10, 11; Lucas 6:24, 25.

III. EL PUEBLO DE DIOS Y LA RIQUEZA

A. El pueblo de Dios que fue rico

2 Crónicas 9:13, 14: "El peso del oro que venía a Salomón cada año, era seiscientos sesenta y seis talentos de oro, sin lo que traían los mercaderes y negociantes; también todos los reyes de Arabia y los gobernadores de la tierra traían oro y plata a Salomón.

Génesis 13:1, 2, 5; 26:13, 14; 30:43; 31:9; Rut 2:1; 2 Crónicas 9:13, 14; 32:28, 29; Job 1:10; Daniel 6:28.

B. El pueblo de Dios que fue pobre

1 Corintios 1:26; 2 Corintios 11:27.

C. Los líderes de la iglesia no deben amar el dinero

1 Timoteo 3:1-3; Tito 1:7.

D. No prefiera al rico

Santiago 2:1-9.

E. El reino de Dios para el pobre

Lucas 6:20, 21; 7:22.

IV. VENTAJAS Y DESVENTAJAS DE LA RIQUEZA

A. Ventajas de la riqueza

Proverbios 10:15; 14:20; 19:4; Eclesiastés 5:18-20.

B. Desventajas de la riqueza

Proverbios 13:8; 14:20; 19:7; Eclesiastés 5:12.

V. LA RIQUEZA ES PASAJERA

Eclesiastés 7:14: "En el día del bien goza del bien; y en el día de la adversidad considera. Dios hizo tanto lo uno como lo otro, a fin de que el hombre nada halle después de él".

Eclesiastés 7:14; Ezequiel 27:32-36; 28:12-17; 31:8-11, 14; Miqueas 6:14; Sofonías 1:11-13, 18; 2:15; Zacarías 11:3-5; Apocalipsis 18:11-19.

VI. PREGUNTA ACERCA DE LA PROSPERIDAD DEL IMPIO

Proverbios 24:19, 20: "No te entremetas con los malignos, ni tengas envidia de los impíos; porque para el malo no habrá buen fin, y la lámpara de los impíos será apagada".

Salmos 17:13-15; 37:7; 49:10-17; 52:7; 73:1-20; Proverbios 24:19, 20; Eclesiastés 8:14; Jeremías 12:1-3; Habacuc 2:9, 12, 13; Apocalipsis 18:3.

HERENCIA

Salmo 112:1, 2: "Bienaventurado el hombre que teme a Jehová, y en sus mandamientos se deleita en gran manera. Su descendencia será poderosa en la tierra; la generación de los rectos será bendita".

Proverbios 20:7: "Camina en integridad el justo; sus hijos son dichosos después de él".

Proverbios 22:6. "Instruye al niño en su camino, y aun cuando fuere viejo no se apartará de él". -

CONTENTAMIENTO

I. EL CONTENTAMIENTO PUEDE APRENDERSE

Filipenses 4:11-13: "No lo digo porque tenga escasez, pues he aprendido a contentarme, cualquiera que sea mi situación. Sé vivir humildemente, y sé tener abundancia; en todo y por todo estoy enseñado, así para estar saciado como para tener hambre, así para tener abundancia como para padecer necesidad. Todo lo puedo en Cristo que me fortalece".

II. CONTENTESE CON LO QUE TIENE

Hebreos 13:5: "Sean vuestras costumbres sin avaricia, contentos con lo que tenéis ahora; porque él dijo: No te desampararé, ni te dejaré".

III. CONTENTESE CON ALIMENTO Y VESTUARIO

1 Timoteo 6:8: "Así que, teniendo sustento y abrigo, estamos contentos con esto".

IV. EL CONTENTAMIENTO NO RADICA EN LA RIQUEZA

Salmo 17:15: "En cuanto a mí, veré tu rostro en justicia; estaré satisfecho cuando despierte a tu semejanza".

V. CONTENTESE CON SU SALARIO

Lucas 3:14: "También le preguntaron unos soldados, diciendo: Y nosotros, ¿qué haremos? Y les dijo: No hagáis extorsión a nadie, ni calumniéis; y contentaos con vuestro salario".

VI. LA PIEDAD ES UN MEDIO PARA OBTENER GANANCIAS CUANDO SE ACOMPAÑA DE CONTENTAMIENTO

1 Timoteo 6:6: "Pero gran ganancia es la piedad acompañada de contentamiento".

PREGUNTAS Y RESPUESTAS

I ¿DEBEN TRABAJAR LAS MUJERES?

Salmo 128:3: "Tu mujer será como vid que lleva fruto a los lados de tu casa; tus hijos como plantas de olivo alrededor de tu mesa".

Proverbios 31:13—17: "Busca lana y lino, y con voluntad trabaja con sus manos. Es como nave de mercader; trae su pan de lejos. Se levanta aun de noche y da comida a su familia y ración a sus criadas. Considera la heredad, y la compra, y planta viña del fruto de sus manos. Ciñe de fuerza sus lomos y esfuerza sus brazos.

Salmo 128:3; Proverbios 31:13-29; Tito 2:4.

II. ¿DEBEN PAGAR IMPUESTOS LOS CRISTIANOS?

Romanos 13:5-7: "Por lo cual es necesario estarle sujetos, no solamente por razón del castigo, sino también por causa de la conciencia. Pues por esto pagáis también los tributos, porque son servidores de Dios que atienden continuamente a esto mismo. Pagad a todos lo que debéis: al que tributo, tributo; al que impuesto, impuesto; al que respeto, respeto; al que honra, honra.

Mateo 17:24-27; 22:17-21; Marcos 12:14-17; Lucas 20:22-25; Romanos 13:5-7.

III. ¿DEBEMOS ESPERAR PROSPERIDAD?

3 Juan 1:2: "Yo deseo que tú seas prosperado en todas las cosas ... así como prospera tu alma".

NOTAS

1. Charles L. Allen, *God's Psychiatry* (La psiquiatría de Dios, Ed. Betania) (Old Tappan, NJ: Revell, 1953).

2. David McConaughty, *Money, the Acid Test* (Philadelphia: Westminster Press, 1918), pp. 24, 25.

3. Richard Halverson, *Perspective* (Los Angeles: Cowman Publications, 1957), p. 59.

4. Jim Ferri, "Is Rich a State of Mind?," *TWA Ambassador* (St. Paul, MN: 1978), p. 58.

5. Carol Pine, "Getting a Charge Out of Youth", *Business Today* (Princeton: 1978), p.22.

6. George Fooshee, *You Can Be Financially Free* (Old Tappan, NJ: Revell, 1976), p.26.

7. Ibid., pp. 78-80.

8. Herb Goldberg and Robert Lewis, *Money Madness* (New York: Morrow,1978), pp. 13,14.

9. John Haggai, *New Hope for Planet Earth* (Nashville: Thomas Nelson, 1974), p. 36.

10. Francis Schaeffer, *No Little People* (Downers Grove, IL: InterVarsity Press, 1974).

11. Roger Palms, "I'm Not Hungry," *Decision* (Billy Graham Evangelical Association, 1978).

12. Op.cit., Halverson, p.27.

13. Leslie B. Flynn, *Your God and Your Gold* (Gran Rapids: Zondervan), p. 112.

14. Haddon Robinson, "Testimony of a Checkbook," *Christian Medical Society Journal* (1976), p.3.

15. Jerry and Mary White, *Your Job-Survival or Satisfaction?* (Gran Rapids: Zondervan, 1977), p. 74.

16. Mark Hatfield, "Excellence, the Christian Standard," *Collegiate Challenge Magazine* (May, 1965).

17. Op.cit., Schaeffer.

18. Maxine Hancock, *Living on Less and Liking It More* (Chicago: Moody Press, 1976), pp. 43, 44.

Si desea más información acerca de los grupos pequeños de estudios de *Crown Ministries*, favor de llamar al teléfono (407)331-6000 o dirigir su carta a Crown Ministries 530 Crown Oak Centre Drive, Longwood, Florida 32750.